LA INVESTIGACIÓN COMO COLABORACIÓN CON DIOS EN LA CREACIÓN

A propósito de la creación de vida artificial

Eduardo García Peregrín

© La investigación como colaboración con Dios en la creación
© Eduardo García Peregrín

ISBN papel: 978-84-686-6766-9
ISBN digital: 978-84-686-6767-6

Impreso en España

Editado por Bubok Publishing S.L.

Presentación

En 2010, J. C. Venter y su grupo de trabajo consiguieron sintetizar por vez primera el DNA de una bacteria, creando lo que ellos llamaron "la primera célula sintética". La noticia corrió por todo el mundo y los diferentes medios de comunicación anunciaron con grandes titulares que se había creado vida artificialmente. A pesar de que este enunciado fue desmentido inmediatamente por los científicos que fueron consultados, el tema llamó la atención de todo el mundo, especialmente por los problemas éticos que planteaba. Entre ellos, destacaba el desconocimiento sobre las posibilidades que la nueva biología sintética podría significar, tanto en su aspecto positivo o beneficioso como en el negativo o arriesgado. Por otra parte, los avances se han multiplicado desde esa fecha, habiéndose logrado ya la síntesis de un cromosoma de una célula superior o eucariótica (la levadura) así como la incorporación de constituyentes no naturales en una molécula de DNA que se comporta como normal.

Un aspecto relacionado con todo lo anterior es la manera en que se hace la difusión de estos avances científicos a la población en general, ya que se está produciendo una alarma generalizada, sin saber claramente los beneficios y los riesgos que pueden llevar consigo.

Todo ello ha hecho necesario el pronunciamiento de diferentes Comités de Bioética, tanto a nivel nacional como supranacional, y ha multiplicado las Conferencias, sobre todo internacionales, para abordar los distintos problemas relacionados con el tema de la biología sintética. Es bien sabido que la ética interpela a las innovaciones científicas desde el punto de vista de los principios y el de las consecuencias. En el primer caso, hay que considerar cuáles han de ser los límites que puedan imponer en el control de la naturaleza y en la creación de nuevos seres vivos. En el segundo, hay que activar el principio de precaución para lograr que los beneficios de esta nueva tecnología sean mayores que los riesgos. Especialmente, teniendo en cuenta el principio bioético de justicia, todos los esfuerzos han de ir dirigidos a potenciar en primer lugar los beneficios para los menos favorecidos, que son los que más lo necesitan.

Todos y cada uno de nosotros tenemos una parte de responsabilidad en la configuración del futuro de la humanidad, de modo que colaboremos a mejorar la calidad de vida y la propia vida de las demás personas. La investigación humana puede convertirse en inhumana como consecuencia de que las personas pretendan convertirse sólo en promotores de su propia perfección. Con esta pequeña obra, pretendemos contribuir a un mejor conocimiento de los últimos avances científicos en este campo, evitando la satanización de determinadas posturas, pero dejando muy clara la necesidad de un diálogo fecundo y de una refunda deliberación ética, que pueda lograr una sana integración entre la adquisición de nuevos conocimientos y de nuevas técnicas y el interés de su aplicación a escala mundial.

Hoy día, los conocimientos científicos y tecnológicos han avanzado a pasos agigantados pero están dejando en las manos del hombre un poder, un potencial impresionante, una capacidad de actuación que puede resultarle enormemente peligrosa al propio hombre. Puesto que ya no se debe aceptar ninguna frontera, puesto que cualquier misterio por resolver parece que humilla al hombre de ciencia y se le considera como un reto a vencer rápidamente... la única limitación para el avance de la ciencia reside en la imposibilidad de hacer cualquier experiencia, lo cual algún día terminará también por superarse. Lo que ya no se hace hoy, no es porque no se deba hacer, sino porque no se puede hacer. Todo está permitido, con tal de que parezca útil. Sin embargo, este mismo avance está despertando amplios miedos en la propia sociedad, de tal manera que se está pidiendo ya un cierto control por parte del Estado o de instituciones internacionales sobre algunos tipos de investigación, en fuerte contraste con el sentido de la libertad de que se considera y se defiende como uno de los derechos humanos.

Por eso, a medida que van avanzando los conocimientos científicos y de todo tipo, se va haciendo más necesaria una reflexión personal que intente ponerlos al servicio del hombre. De aquí la importancia que está tomando la ética en la investigación, reclamada por la propia ciencia que tiene al hombre como sujeto, a la vez su creador y su destinatario. Frente a las posturas extremas de su prohibición absoluta o de la permisividad total, consideramos que el progreso de la ciencia es un deber sagrado que debe verse sometido al control ético para conseguir un mundo más justo, un desarrollo sostenible y una condición humana que no renuncie a una de sus vocaciones más profundas.

Estamos entrando en una nueva etapa de la humanidad en la que la cultura y la investigación deben estar conformadas por una ética de la responsabilidad. Nos encontramos en una situación en la que el hombre no posee la sabiduría suficiente para conocer las consecuencias de sus acciones, pero en la qué tampoco cree en la existencia de valores absolutos y de verdades objetivas. Esa responsabilidad nos exige una nueva clase de humildad debida a la excesiva magnitud de nuestro poder. La responsabilidad en la investigación está relacionada con la capacidad que tenemos los seres humanos para ordenar no sólo nuestra vida sino toda la naturaleza. Nuestra mayor amenaza hoy día es el exceso de éxito. De aquí que la capacidad de poner límites al poder de la técnica y de orientarla convenientemente no es una función individual sino colectiva. Es el conjunto de la sociedad quien ha de ser sujeto de la ética de la responsabilidad.

I:

SOBRE LA CREACIÓN

DE VIDA ARTIFICIAL

1.- Introducción: La nueva biología sintética

La creación de vida artificial ha sido desde siempre una de las quimeras del hombre, especialmente por la posibilidad posterior de crear seres humanos perfectos. Pocos días antes de cumplirse el décimo aniversario de la presentación del borrador del genoma humano, J. C. Venter volvió a sorprender al mundo con la publicación en la revista Science, primero en la edición *online* y después en la escrita, de un artículo en el que detalla la fabricación de la primera célula sintética[1]. La inmensa mayoría de los medios de comunicación acogieron la noticia con titulares especialmente llamativos: "creación de vida artificial", "creación de una célula artificial", "vida de bote", etc. Ante esta sensacional noticia, lo primero y más necesario es definir en sus justos términos lo que se ha conseguido hacer.

A pesar de que la manera de anunciar la noticia fue desmentida, con mayor o menor intensidad, por los especialistas que fueron consultados, el tema era enormemente importante y planteaba una serie de nuevos problemas éticos que había que abordar. Se trataba de una de las muchas posibilidades que empezaba a abrir el tema de la biología sintética, un concepto nuevo que había que descubrir en profundidad para definir qué

---

[1] GIBSON, D. G., … (22 autores)… and VENTER, J. C., *Creation of a bacterial cell controlled by a chemically synthesized genome*, *Science DOI* 10.1126/science.1190719 (2010); and *Science* 329 (2010) 52-56.

es, qué beneficios puede aportar y qué riesgos puede llevar consigo. ¿Estamos ante algo completamente nuevo, como mantienen sus partidarios, o se trata simplemente de un paso más en los avances tecnológicos en el campo de la biología, comprendiendo como tal a la biología molecular, la ingeniería genética, la genómica, y otros temas de las ciencias de la vida? ¿Se trata de algo concreto o de una variedad de temas agrupados bajo un solo término?

El informe de 2005 emitido por la Comisión Europea consideraba este término como:

"la ingeniería de la biología: la síntesis de sistemas complejos de base (o inspiración) biológica que desempeñan funciones que no existen en la naturaleza. Este enfoque de la ingeniería se puede aplicar a todos los niveles de la jerarquía de estructuras biológicas... En definitiva, la biología sintética hará posible el diseño de «sistemas biológicos» de un modo racional y sistemático"[2].

Otros organismos internacionales han propuesto definiciones más o menos semejantes de este concepto, pero siempre basado en modelos de ingeniería junto con un diseño racional y sistemático. Algunos consideran que los científicos llevan décadas practicando la ingeniería genética, pero el intercambio de genes entre organismos es una actividad más concreta que lo que el término "ingeniería" puede representar, ya que normalmente se trabaja con organismos ya existentes en lugar de diseñarlos desde cero.

---

[2] COMISIÓN EUROPEA, *"SynBiology: An analysis of synthetic biology research in Europe and North America,* 2005.

Actualmente[3] son cuatro las corrientes que se suelen agrupar dentro del campo de la biología sintética, aunque la primera de las cuatro puede considerarse como continuación de la biología molecular.

1.1.- La ingeniería genética contemporánea como biología sintética

Los trabajos dentro de esta línea se basan en los realizados sobre el DNA recombinante a principios de la década de 1970. Quizás el caso más representativo sea la producción de la artemisina sintética, uno de los fármacos usados para evitar el desarrollo de las cepas del parásito de la malaria. Esta enfermedad causa cerca de un millón de muertos al año, un 80% de los cuales son niños del África subsahariana. La artemisina procede de la planta china del ajenjo dulce, que normalmente se cultiva en el mundo en vías de desarrollo. Sin embargo, su suministro está sometido a variaciones estacionales y a las condiciones climáticas.

Para evitar estos problemas, un grupo de científicos bajo la dirección de J. Keasling ha empleado las técnicas de la ingeniería genética para lograr que las células de levadura produzcan ácido artemisínico, un precursor que se convierte fácilmente en artemisina mediante tres procesos químicos[4]. Amyris Biotechnologies, la empresa que ha desarrollado la vía metabólica de la artemisina sintética, estima un coste por dosis de 25-50 centavos de dólar, un precio muy inferior al del fármaco de origen botánico.

---

[3] Cf. MURRAY, T. H., *La ética y la biología sintética: cuatro corrientes, tres informes,* Informes de la Fundación Víctor Grifols i Lucas, Barcelona 2012.

[4] HALE, V., KEASLING, J. D., RENNIGER, N. and DIAGANA, T. T., Microbially derived artemisine: a biotechnology solution to the global problem of access to affordable antimalarial drugs, *Am. J. Trop. Med. Hyg.* 77 (2007) 198-202.

La artemisina biosíntética representa un claro ejemplo de aplicación terapéutica importante atribuida a la biología sintética. Pero si sólo esto fuera lo que ahora se llama biología sintética, sería difícil defender que es un cambio radical más que una evolución progresiva de técnicas anteriormente utilizadas.

1.2.- La construcción de dispositivos basados en el DNA

Lo mismo que los ingenieros electrónicos disponen de un conjunto de piezas con las que pueden diseñar infinitud de dispositivos, los promotores de la biología sintética plantearon la posibilidad de fabricar sistemas biológicos a partir de una serie de "piezas" biológicas que registraron en 2003. En este sentido, destaca el movimiento "BioBricks" que pretende la construcción de dispositivos con DNA a modo de sistemas biológicos usando las piezas adecuadas y de acuerdo con las intenciones del ingeniero. Sin embargo, las entidades biológicas son mucho más complejas que las electrónicas, y están sometidas a la adaptación y a la evolución, lo cual puede plantear serios problemas a quienes pretendan seguir esta línea. De hecho, todavía está por demostrar si esta aspiración se verá realizada o no.

1.3.- La creación de una célula mínima

La tercera corriente en biología sintética está enfocada hacia la creación o reproducción de organismos completos. Los éxitos más llamativos fueron logrados por el equipo de Venter tendentes a producir la primera "célula sintética" trabajando con bacterias, si bien posteriormente se ha logrado algo semejante con levaduras.

<u>a) Los trabajos del grupo de Venter</u>

J. Craig Venter es uno de los pioneros en el desarrollo de la Genómica, ciencia nacida como tal en 1995, y que trata de la disección molecular del genoma de los seres vivos para llegar a conocer la secuencia de bases de dicho genoma. Dentro de ella se pueden distinguir varios niveles: Genómica estructural (secuenciación de los genomas), Genómica funcional (estudio de la función de cada secuencia conocida), Genómica comparada (análisis comparativo de los genomas de distintos organismos) y Genómica sintética (síntesis artificial de genomas para lograr nuevas formas de vida).

Venter obtuvo la Licenciatura en Bioquímica por la Universidad de California San Diego en 1972 y el Doctorado en Fisiología y Farmacología en 1975. Después de unos años dedicados a la docencia, entre 1984 y 1992 Venter trabajó en los Institutos Nacionales de la Salud de Estados Unidos. Posteriormente, cuando la administración le negó la subvención para la secuenciación en seres humanos, pasó al campo privado fundando sus propias compañías (TIGR y Celera Genomics) y participando en la secuenciación del genoma humano en competencia con el consorcio público coordinado por Francis Collins. En 2001, ambos grupos publicaron el primer borrador del 90% del genoma humano. Después de unos años en Celera, Venter abandonó esta compañía y fundó su propio Instituto de Investigación (JCVI) del que, en la actualidad, es Presidente y Director y en el que trabajan unos 500 científicos de los más diversos campos.

Durante los últimos 20 años, el JCVI ha tratado de responder a la pregunta ¿qué es la vida? intentando comprobar cual es el tamaño mínimo de un genoma necesario para que se exprese la vida. Para ello eligió la bacteria *Mycoplasma genitalium*, con uno de los genomas más pequeños que se conocen (580.070 pb), estableciendo las comparaciones oportunas con otras formas bacterianas, llegando a la conclusión de la existencia de 256 genes fundamentales[5].

Usando una técnica diferente para estimar el tamaño del genoma mínimo requerido para la vida, Itaya[6] puso de manifiesto la necesidad de 318.000 pb en la bacteria *Bacillus subtilis*. También en el mismo tiempo comenzó a especularse con que este tamaño mínimo podía ser significativamente reducido en células más primitivas cuyos sistemas esenciales pueden ser más simples que los de las células más modernas[7].

Por otra parte, comparando el genoma de dos especies del mismo género, *M. genitalium* (580.070 pb) y *M. pneumoniae* (816.000 pb), llegaron a la conclusión de que, de los 480 genes codificantes para proteínas de la primera especie, sólo son esenciales para el crecimiento de la bacteria unos 265-350 genes, incluyendo unos 100 de función desconocida cuya existencia parece indicar que no se han descrito todavía todos los mecanismos moleculares básicos implicados en la vida de las células[8]. Asimismo, no se sabe si el juego de genes esenciales se corresponde exactamente con el genoma mínimo, ya que algunos genes son dispensables individualmente pero pueden no serlo simultáneamente[9].

---

[5] FLEISCHMAN, R. D., ... (38 autores)... and VENTER, J. C., Whole-genome random sequecing and assembly of *Haemophilus influenzae* Rd, *Science* 269 (1995) 496-512; FRASER, C. M., ... (27 autores)... and VENTER, J. C., The minimal gene complement of *Mycoplasma genitalium*, *Science* 270 (1995) 397-403.

[6] ITAYA, M., An estimation of minimal genome size required for life, *FEBS Lett.* 362 (1995) 257-260.

[7] MUSHEGIAN, A. R. and KOONIN, E. V., A minimal gene set for cellular life derived by comparison complete bacterial genomes, *Proc. Natl. Acad. Sci. USA* 93 (1996) 10268-10273.

[8] HUTCHISON III, C. A., PETERSON, S. N., GILL, S. R., CLINE, WHITE, O., FRASER, C. M., SMITH, H. O. and VENTER, J. C., Global transposon mutagenesis and a minimal Mycoplasma genome, *Science* 286 (1999) 2165-2169.

[9] Un comentario mucho más amplio sobre este tema puede verse en LACADENA, J. R., Página web sobre "Genética y Bioética", Centro Nacional de Información y Comunicación Educativa (CNICE), Ministerio de Educación y Ciencia, http://w3.cnice.mec.es/tematicas/genetica "Seréis como dioses" (Junio, 2000); "Vida sintética: J. Craig Venter ¿un dios menor?" (Junio, 2007).

Para comprobar su capacidad de trabajo, sintetizaron el genoma del fago ΦX 174 utilizando sus 5.386 nucleótidos de origen comercial, demostrando así que podían sintetizar cualquier genoma como molécula desnuda de DNA y transferirlo a una célula desprovista de su propio DNA[10].

Unos años más tarde, en 2007[11], el equipo de Venter logró transformar una especie bacteriana en otra mediante la técnica llamada "trasplante genómico". Para ello, el genoma intacto de una bacteria, *M. mycoides*, fue trasplantado a células de otra bacteria muy parecida, *M. capricolum*, con lo que el genoma transferido de la primera especie tomó el control del funcionamiento celular de la segunda. El trabajo lo resumía así:

"Como una etapa hacia la propagación de genomas sintéticos, hemos reemplazado completamente el genoma de una célula bacteriana por el de otra especie trasplantando un genoma completo como DNA desnudo".

La misma versión *online* de la revista Science publicó a los pocos meses la primera síntesis química de un genoma bacteriano completo, *M. genitalium*, comenzando la era de la Genómica Sintética[12]. Para ello sólo tuvieron que utilizar pequeños bloques de material genético de 5.000-7.000 pb cada uno y ensamblarlos hasta llegar a tener una molécula de DNA de más de un millón de bases.

---

[10] SMITH, H. O., CLYDE, C. A., PFANNKOCH, C. and VENTER, J. C., Generating a synthetic genome by whole genome assembly: ΦX174 bacteriophage from synthetic oligonucleotides, *Proc. Natl. Acad. Sci. USA* 100 (2003) 15440-15445.
[11] LARTIGUE, C., GLASS, J. I., ALPEROVICH, N., PIEPER, R., PALMAR, P. P., HUTCHISON III, C. A., SMITH, H. O. and VENTER, J. C.,Genome transplantation in bacteria: changing one species to another, *Science DOI*: 10.1126/science.1144622 (2007); and *Science* 317 (2007) 632-638.
[12] GIBSON, D. G., ...(15 autores) ... and SMITH, H. O., Complete chemical synthesis, assembly and cloning of a Mycoplasma genitalium genome, *Science DOI*: 10.1126/science. 1151721 (2008); and *Science* 319 (2008) 1215-1220.

Científicos de todo el mundo reconocieron el valor técnico de la investigación, aunque no se hubiera probado su actividad biológica. Sus autores reconocieron en una rueda de prensa que

> *"consideramos este nuevo avance como un segundo paso en un proceso de tres pasos hasta conseguir crear la primera forma de vida artificial... Continuamos trabajando en el objetivo final, que es insertar este cromosoma sintético en una célula y conseguir que funcione, para obtener así el primer organismo sintético."*

Por lo tanto, el paso siguiente era fácil de adivinar y hacer: reemplazar el genoma natural de *M. capricolum* por el genoma sintético. Este último trabajo[13] consistió en la síntesis del genoma de *M. mycoides* a partir de información digitalizada y su trasplante a una célula de *M. capricolum*. El genoma sintético es una copia del original, salvo en catorce genes. Dos se desorganizaron durante el proceso y el resto se eliminaron o se alteraron intencionadamente, diez de ellos para formar cuatro secuencias que actúan como marcas para diferenciar el genoma sintético del natural y que reemplazan a genes que no eran esenciales para la viabilidad. Aunque la célula que sufrió el trasplante mantenía en principio sus propios componentes químicos, el genoma introducido de *M. mycoides* tomó el control de la célula de *M. capricolum* de tal modo que, al cabo de poco tiempo, todo su material era semejante al de la célula donante. El logro actual estriba, por lo tanto, no en la transformación de una especie en otra, sino de algún modo en la obtención de una bacteria viable a partir de un genoma completamente sintetizado utilizando como fuente las cuatro bases químicas necesarias (adenina, timina, guanina y citosina). En una teleconferencia

---

[13] Ver ref. 1.

pronunciada por Venter inmediatamente después de la publicación comentó:

> *"Esta es la primera célula del planeta de una especie que se autorreplica y cuya madre es una computadora".*

Venter la ha bautizado con el nombre de su propio centro: *M. mycoides JCVI-syn1.0*, indicando con este último número que es la primera de una serie de células modificadas que piensa obtener en el laboratorio.

Aplicaciones prácticas

En diversas páginas de sus memorias, Venter se considera una fuerza de la naturaleza capaz de llegar hasta límites insospechados[14]. En unas declaraciones realizadas por Skipe para Science y publicadas en la prensa, Venter aseguró lo siguiente:

> *"Esta es una potentísima herramienta para decidir qué queremos hacer en el campo de la Biología. Tenemos una amplia gama de aplicaciones en la mente... Estamos desarrollando en estos momentos la utilización de algas capaces de capturar CO_2 y de transformarlo en hidrocarburos que puedan ser procesados en las refinerías ya existentes. Eso evitaría tener que sacar más petróleo del suelo... No hay ningún alga natural que conozcamos que pueda hacer esto en la escala que nosotros necesitamos, así que tendremos que usar las nuevas técnicas de genómica sintética para desarrollar nuevas algas a partir de las que ya existen o desarrollar otras que tengan las propiedades que queremos que*

---

[14] Cf. VENTER, J. C., *La vida descodificada*, Espasa Calpe, Madrid 2008.

tengan... Creo que estamos entrando en una nueva era científica limitada sólo por nuestras imaginaciones" [15].

El reciente trabajo marca el inicio oficial de la llamada Genómica Sintética y abre paso al diseño de microorganismos sintetizados a la carta cuyo DNA se puede modificar supuestamente para incorporar determinadas propiedades. Así, han confirmado que pretenden crear bacterias capaces de absorber del dióxido de carbono, limpiar la contaminación ambiental, desarrollar biocombustibles, producir vacunas, etc. Otra de las ideas de Venter es crear una bacteria artificial que capte un espectro muy amplio de la energía solar y la convierta en hidrógeno. De este modo, una "siembra" de 13.000 km^2 bastaría para alimentar todo el transporte de Estados Unidos. Desde hace años, Venter trabaja también con la idea de diseñar organismos que puedan ayudar a combatir el cambio climático:

"No hay ningún alga natural que conozcamos que pueda hacer esto en la escala que nosotros necesitamos, así que tendremos que utilizar las nuevas técnicas de genómica sintética para desarrollar nuevas algas a partir de las que ya existen o desarrollar otras nuevas que tengan las propiedades que queremos que tengan" [16].

Las posibilidades parecen infinitas para un investigador que ha sido definido por la Wikipedia como "biólogo y hombre de negocios". Y es que detrás de esta tecnología hay grandes logros económicos. Precisamente, Venter tiene ya un acuerdo con BP que fue la compañía responsable del vertido del Golfo de Méjico, uno de los mayores desastres ecológicos recientes. Se ha

---

[15] Cf. The Guardian, 20 de mayo de 2010.
[16] *Ibid.*

dicho que la capacidad de este polémico investigador para aglutinar empresas y fuentes de financiación es prodigiosa.

El trabajo que estamos comentando ha costado más de 40 millones de dólares y el esfuerzo de 20 investigadores durante 10 años. Pero espera resarcirse con creces patentando su tecnología. Ya intentó lograr beneficios económicos de su participación en el Proyecto Genoma Humano. Sin embargo, la competencia con el consorcio público en el mismo proyecto le obligó a hacer públicos y gratis sus resultados. Posteriormente, en mayo de 2007 presentó en USA una solicitud para patentar sus resultados con el *M. genitalium*, lo cual provocó una fuerte crítica entre la mayoría de los investigadores[17]. La solicitud fue finalmente denegada en 2009. En el caso presente, también ha presentado la correspondiente solicitud de patente para conseguir protección intelectual de una copia de un ser vivo, cosa que ha levantado la protesta de muchos investigadores porque dejaría la ingeniería genética bajo el control de su Instituto JCVI. Para los especialistas, si se considera que Venter no ha inventado nada ni lo ha descubierto, sino que sólo ha sintetizado una copia de una célula, no sería sujeto de patente. Pero el límite no está claro.

<u>Reacciones de los expertos</u>

La mayoría de los expertos consultados reconocen el valor técnico de la investigación realizada por Venter y su equipo, pero creen que se está sobrevalorando mucho el alcance de los resultados. Especialmente crítico ha sido el premio Nóbel D. Baltimore, quien comentó en The New York Time que el verdadero hito en este campo lo había marcado en 2002 el virólogo E. Wimmer al sintetizar desde su secuencia en un

---

[17] Cf. KAISER, J., Attempt to patent artificial organism draws a protest, *Science* 316 (2007) 1557.

ordenador un clon infeccioso del virus de la poliomielitis, que al ser transferido a una célula producía partículas virales completas e infectivas[18]. La diferencia es que un virus no es un ser vivo autónomo, sino que para reproducirse necesita la maquinaria de la célula a la que infecta. Por otra parte, la tecnología del DNA recombinante ya permitía desde hace bastantes años obtener bacterias y otros microorganismos con especial interés en biotecnología y en biomedicina aunque sin manejar DNA sintético. Gracias a ellos, hoy tenemos medicamentos de primera necesidad, como la insulina o la hormona del crecimiento.

Diversos científicos españoles y extranjeros han reconocido el valor técnico de la investigación, aunque no creen que se pueda afirmar que se ha creado la primera forma de vida artificial. El comentario más generalizado es que no se ha creado vida de la nada, sino que se ha aprovechado toda la maquinaria celular de la célula trasplantada ya que la síntesis de toda esa maquinaria hoy día es imposible. Ya en el año 2000, el Prof. Lacadena predecía lo siguiente:

> *"Antes de entrar en otro tipo de reflexiones, es importante dejar bien claro con objetividad científica que la construcción artificial ("creación") de una célula bacteriana no es, por el momento, más que una muy remota posibilidad que requiere un largo camino por recorrer... Ese genoma mínimo tiene que expresarse en un ambiente celular y estar en interacción con otros componentes celulares necesarios para llevar a cabo el metabolismo y replicación de la célula... Simplificando mucho la cuestión, podría decirse que para ser "creadores" de una nueva forma de vida habría que sintetizar artificialmente una especie de membrana*

---

[18] CELLO, J., PAUL, A. V. and WIMMER, E., Chemical synthesis of poliovirus cDNA: Generation of infectious virus in the absence of natural template, *Science* 297 (2002) 1016-1018.

celular e introducir en ella, junto al genoma mínimo construido también artificialmente, los elementos necesarios para que se exprese"[19].

De hecho, como muy bien indica el propio título del trabajo de Venter, lo que se ha logrado no es una célula sintética sino una célula bacteriana cuyo genoma ha sido fabricado sintéticamente. Una célula sintética sería aquella obtenida mezclando en un tubo de ensayo todos los componentes químicos (agua, proteínas, el genoma, ARN, azúcares, lípidos, sales minerales, etc.) y que estos se ensamblaran y funcionaran como lo hace una célula. Como reconocen los propios autores, el citoplasma, su contenido y la membrana que rodea a la célula receptora no son sintéticos. En un comentario publicado inmediatamente en la misma revista Science[20] se llega a la misma conclusión: este trabajo no crea una verdadera forma de vida sintética, porque el genoma fue introducido en una célula ya existente. Como muy bien se expresó el Dr. Macip[21]:

"Hay una razón muy clara por la cual esto no se puede considerar propiamente la creación de «vida artificial»: lo único artificial de la célula de Venter es su DNA. El resto de partes, y son muchas, lo han pedido prestado a una bacteria que ya existía. Nos queda aún muchísimo para poder fabricar en el laboratorio cada uno de los elementos que componen una célula... De momento, este triple salto mortal no nos lleva a ningún lado, aparte de a las primeras planas de los periódicos".

---

[19] LACADENA, J. R., Seréis como dioses, *Crítica* 874 (2000) 12-16.

[20] PENNISE, E., Synthetic genome brings new life to bacterium, *Science* 328 (2010) 958-959.

[21] MACIP, S., Jugar a ser Dios, *El Mundo* 27 de mayo de 2010.

b) Los trabajos del grupo de Boeke y Chandrasegaran

El grupo de J. D. Boeke y S. Chandrasegaran comenzó sus estudios conjuntos a raíz de una conversación mantenida en 2006 en una cafetería de la Universidad Johns Hopkins de Baltimore (USA) sobre una conferencia de R. Davis, considerado por entonces como un visionario, oída dos años antes por el primero de ellos en dicha universidad sobre la posibilidad de crear una levadura sintética cuyo DNA estuviera fabricado usando sus componentes (bases o nucleótidos) comerciales. Fruto de esos estudios es la fabricación del primer cromosoma de una célula superior o eucariótica, la levadura de cerveza (*Saccharomyces cerevisiae*), un trabajo que "mueve la aguja de la biología sintética desde la teoría a la realidad", en palabras de sus autores. El trabajo, publicado en la revista Science[22], supone un hito científico semejante a la secuenciación del genoma humano y abre la puerta al diseño de organismos capaces de producir vacunas y muchas sustancias usadas en la industria química. Pero, en realidad, supone un salto conceptual más importante, porque su gran aportación es que el cromosoma sintetizado difiere en gran medida del natural.

Cuando menos, resulta paradójico que uno de los más recientes e importantes de la biología sintética haya sido posible gracias al trabajo durante siete años de unos 50 estudiantes de la Universidad Johns Hopkins para llegar a construir los fragmentos de unas 750 bases que, después, sirvieron para sintetizar el primer cromosoma eucariótico de la historia.

La levadura contiene unos 6.000 genes, y comparte un tercio de ellos con el ser humano, a pesar de los 1.000 millones de años que nos separan evolutivamente. Los seres humanos

---

[22] ANNALURU, N.,… (80 autores)... BOEKE, J. D. and CHANDRASEGARAN, S., Total synthesis of a functional designer eukaryotic chromosome, *Science DOI 10.1126/science 1249252*; and *Science* 344 (2014) 55-58.

tenemos nuestro genoma distribuido en 23 pares de cromosomas, mientras que la levadura lo tiene en 16 pares. Los investigadores mencionados han extraído uno de los más pequeños de estos cromosomas, el 3, y lo han sustituido por su análogo sintético, llamado synIII, demostrando que tiene todas las propiedades del natural a pesar de las numerosas modificaciones a que ha sido sometido.

Este cromosoma, el tercero más pequeño, fue el primero de los secuenciados[23]. Su construcción ha consistido fundamentalmente en tres pasos: la síntesis de bloques de unos 750 pb[24], la unión de estos fragmentos en otros mayores[25], y el ensamblaje "in vivo" por recombinación homóloga[26].

El cromosoma 3 natural contiene 316.667 bases, mientras que la versión sintética es más corta, ya que sólo tiene 273.871 bases, como consecuencia de las más de 500 alteraciones que los científicos han introducido en él. Entre estas modificaciones se encuentran la eliminación de gran parte del DNA que suponían no era esencial para la levadura: eliminación se muchas secuencias repetitivas que no tienen función alguna, así como los llamados "genes saltarines" o transposones, que cambian de sitio en la cadena arrastrando parte de la misma y que a lo largo de miles de años de evolución terminan por producir secuencias redundantes que no codifican ninguna información genética. Otra modificación ha consistido en la eliminación de 11 genes para tRNA, así como la inserción de pequeñas secuencias en sitios clave para lograr un cromosoma con diferentes

---

[23] OLIVER, S. C., ... (147 autores) ... and SGOUROS, J. G., The complete DNA sequence of yeast chromosome III, *Nature* 357 (1992) 38-46.
[24] RICHARDSON, S. M., WHEELAN, S. J., YARRINGTON, R. M. and BOEKE, J. D., GeneDesing: rapid, automated design of multikilobase synthetic genes, *Genome Res.* 16 (2006) 550-556.
[25] ANNALURU, N., ... (11 autores) ... and CHANDRASEGARAN, S., Assembling DNA fragments bu USER fusion, *Meth. Mol. Biol.*, 852 (2012) 77-95.
[26] MA, H., KUNES, S., SCHATZ, P. J. and BOTSTEIN, D., Plasmid construction by homologous recombination in yeast, *Gene* 58 (1987) 201-216.

propiedades. El número total de cambios introducidos puede afectar a más de 50.000 bases, a pesar de lo cual el synIII sigue siendo funcional, tal como se ha demostrado comparando las curvas de crecimiento, el tamaño y la morfología de las colonias.

<u>Aplicaciones prácticas</u>

Según los autores del trabajo, a partir de ahora se podrán producir miles o millones de cromosomas derivados del natural, gracias a la posibilidad de insertar pequeñas secuencias de DNA en sitios clave del genoma, cada uno de ellos con diferentes estructuras y propiedades.

Una de las aplicaciones que resaltan los autores es la mejora en la síntesis de medicamentos como la artemisina para la malaria o la vacuna para la hepatitis B. Dado que los antibióticos proceden en su mayor parte de hongos, y la levadura es uno de ellos, también se pueden predecir grandes avances en el diseño y producción de estos medicamentos. A largo plazo, las levaduras con genomas sintéticos podrán facilitar la síntesis de medicamentos anticancerosos como en taxol, cuya síntesis implica la actuación de muchos genes.

En la industria, se prevé la producción de biocombustibles más eficaces que los actuales, como el butanol o, incluso, el diesel de origen biológico.

De hecho, el synIII es el primero de los 16 cromosomas de la levadura que los investigadores de este grupo que han sintetizado. Ya existe el proyecto internacional llamado Sc2.0 en el que están implicados científicos de Estados Unidos, Australia, China, Reino Unido y otros países. El nombre se la ha dado en función a las iniciales del género y especie de la levadura, Sc.

Los autores han reconocido que están a punto de sintetizar el cromosoma 9, lo que sería el synIX de la misma levadura.

<u>Reacciones de los expertos</u>

Las reacciones de los expertos han sido semejantes a las señaladas respecto a los trabajos del grupo de Venter, en el sentido de que no se ha creado una nueva vida. Sin embargo, casi todos coinciden en afirmar que es un paso muy importante en este campo. Precisamente, Gibson y Venter publicaron unos días después un jugoso comentario sobre el trabajo de Boeke y Chandrasegaran en la revista Nature[27]. En él, reconocen la importancia del trabajo, especialmente porque plantea nuevas preguntas sin respuesta sobre cómo el diseño de un genoma puede ser usado para manipular las reglas de la biología en un modelo eucariótico. Por ejemplo, ¿puede separarse el DNA superfluo que existe entre los genes? ¿puede ser alterado la parte del genoma no necesario? Además, si las alteraciones en la secuencia introducidas por Annaluru y col. no importan para el comportamiento de la levadura, eso abre un futuro de modificaciones insospechado actualmente. Si dos o más genes llevan a cabo funciones semejantes ¿puede eliminarse uno de ellos? ¿Qué combinaciones de los 6.000 genes de la levadura que hoy creemos dispensables pueden ser eliminados simultáneamente?

Las respuestas a estas preguntas fundamentales serán de gran interés no sólo para los trabajos de biología sintética en la levadura, sino en todos los organismos. La gran cuestión pendiente de resolver es si la misma técnica tendrá éxito cuando se intente sintetizar el genoma completo. Gibson y Venter terminan sus comentarios destacando cómo cada innovación de

---

[27] GIBSON, D. G. and VENTER, J. C., Synthetic biology: Construction of a yeast chromosome, *Nature* 509 (2014) 168-169.

este tipo no sólo permite avanzar en el conocimiento de la biología, sino que suministra herramientas para la expansión de la biología sintética, con el impacto positivo que eso conlleva para toda la sociedad.

El científico español J. Sampedro, además de destacar que es el paso más importante dado en la historia de la biología sintética por tratarse de un cromosoma eucariótico, ha mirado más al futuro especulando sobre la resurrección de especies extintas como el mamut o el neandertal, cuyos genomas ya han sido secuenciados a partir de sus restos fósiles. Según este autor, si estos proyectos llegan a abordarse alguna vez, tendrán que basarse en una técnica similar a la que Boeke y sus colegas acaban de poner a punto en levadura[28].

1.4.- Las protocélulas

E. Regis, uno de los máximos representantes del movimiento para la creación de una nueva biología completamente sintética, ha declarado que su objetivo consiste en la creación de una entidad viva verdaderamente nueva, aunque no se base en la biología natural ni contenga las moléculas biológicas habituales, como DNA, ni membrana, núcleo ni otras partes de las células convencionales[29].

Los precursores de lo que ha dado en llamar protocélulas pretenden sintetizar los componentes básicos de una célula a partir del conocimiento actual sobre sus funciones en el mantenimiento y desarrollo de la vida. Sin embargo, el éxito de este movimiento es todavía muy pequeño. No obstante, ya se

---

[28] Cf. SAMPEDRO, J., *El País* 27 de marzo de 2014.

[29] Cf. EGIS, R., *What is life?: Investigating the nature of life in the age of synthetic biology*, Farrar, Straus and Giroux, Nueva York 2008.

han dado lo que algunos consideran los primeros pasos en este campo. Romesberg y col. han logrado crear el primer organismo vivo que tiene alterado su código genético mediante la inserción de un par de bases no naturales.

a) Los trabajos del grupo de Romesberg

Hasta el momento, todos los seres vivos se han definido por la transmisión de su información genética codificada en sus genomas usando un alfabeto de dos pares de bases complementarias: Adenina-Timina y Guanina-Citosina. No obstante, recientemente, se ha descrito la producción de un organismo semi-sintético con un código genético ampliado con un nuevo par de bases no naturales[30].

Unos años antes, el mismo grupo había logrado "in vitro" la ampliación del código genético incluyendo varios pares de bases no naturales (UBPs)[31]. En concreto, desarrollaron un tipo de UBPs formado entre nucleótidos conteniendo nucleobases hidrofóbicas como el par d5SICS y dNaM, que eficientemente amplificado y transcrito "in vitro"[32] y cuyo mecanismo de replicación fue bien caracterizado[33]. Sin embargo, la expansión del alfabeto genético de este tipo presenta nuevas características: los nucleósido trifosfatos no naturales deben ser capaces de

[30] MALYSHEV, D. A., DHAMI, K., LAVERNE, T., CHEN, T., DAI, N., FOSTER, J. M., CORREA, I. R. Jr. and ROMESBERG, F. E., A semi-synthetic organism with an expanded genetic alphabet, *Nature DOI 10:1038/nature 13314;* and *Nature* 509 (2014) 385-388.

[31] YANG, Z., CHEN, F., ALVARADO, J. B. and BENNER, S. A., Amplification, mutation, and sequencing of a six-letter synthetic genetic system, *J. Am. Chem. Soc.* 133 (2011) 15105-15112; and MALISHEV, D. A., DHAMI, K., QUACH, H. T., LAVERGNE, T., ORDOUKHANIAN, P., TORKAMINI, A. and ROMESBERG, F. E., Efficient and sequence-independt replication of DNA containing a third base pair establishes a functional six-letter genetic alphabet, *Proc. Natl. Acad. Sci. USA* 109 (2012) 12005-12010.

[32] SEO, Y. J., MATSUDA, S. and ROMESBERG, F. E., Transcription of an expanded genetic alphabet, *J. Am. Chem. Soc.*, 131 (2009) 5046-5047; and SEO, Y. J., MALISHEV, D. A., LAVERGNE, T., ORDOUKHANIAN, P. and ROMESBERG, F. E., Site-specific labeling of DNA and RNA using an efficiently replicated and transcrited class of unnatural base pairs, *J. Am. Chem. Soc.* 133 (2011) 19878-19888.

[33] BETZ, K., MALISHEV, D. A., LAVERGNE, T.,, WELTE, W., DIEDERICH, K., ROMESBERG, F. E. and MARX, A., Structural insights into DNA replication without hydrogen bonds, *J. Am. Chem. Soc.* 135 (2013) 18637-18643.

entrar en la célula, ser utilizados por las polimerasas endógenas para lograr una replicación eficiente, y deben ser estables para permitir la integridad del DNA que las contiene. Para resolver el primer problema usaron un transportador procedente de algas para introducir los nucleótidos de d5SICS y dNaM en una célula de *E. coli*[34], observando que eran utilizados por la maquinaria de replicación endógena para producir un plásmido que los contiene. Los UBPs son estables durante las fases exponencial y estacionaria del crecimiento, a pesar de la presencia de todos los mecanismos de reparación del DNA.

Como resultado de todas estas experiencias llegaron a la conclusión de que la bacteria obtenida es el primer organismo que propaga de un modo estable un código genético conteniendo bases no naturales.

Aplicaciones prácticas

Desde que la vida surgió en la Tierra hace más de 3.500 millones de años, todos los organismos han utilizado un alfabeto universal de cuatro letras en su DNA. Durante toda la evolución, este código genético ha permanecido invariable para todos los seres vivos, pero ahora el hombre tiene en sus manos la posibilidad de alterar este principio básico.

Recordemos que la información contenida en el DNA de cualquier organismo es leída por una maquinaria presente en las células para producir otro tipo de molécula llamada RNA, que a su vez codifica para la síntesis de proteínas formadas por aminoácidos. Un tipo de RNA, el de transferencia (tRNA), contiene un grupo de tres bases llamado anticodón que es

[34] AST, M., GRUBER, A., SCHMITZ-ESSER, S., NEUHANS, H. E., KROTH, P. E., HORN, M. and HAFERKAMP, I., Diatom plastids depend on nucleotide import from the cytosol, *Proc. Natl. Acad. Sci. USA* 106 (2009) 3621-3622.

reconocido por otro grupo complementario también de tres bases, llamado codón, existente en el DNA. Las cuatro bases hasta ahora utilizadas por los seres vivos para su DNA pueden formar un total de 64 (4^3) combinaciones o codones diferentes, de los cuales 61 pueden emparejarse con otros tantos anticodones de los tRNA para transportar los 20 aminoácidos usados en la biosíntesis de las proteínas. Pues bien, con la nueva incorporación de un par de bases no naturales se podrían formar 216 (6^3) codones, triplicando con creces de esta forma la capacidad del código genético. Eso llevaría consigo la posible incorporación de aminoácidos no utilizados actualmente para la biosíntesis de proteínas, aumentando considerablemente la variabilidad de estas importantes moléculas biológicas. En una entrevista con Romesberg publicada en la misma revista este autor expresaba lo siguiente:

"Es como si tratas de escribir un libro con tan solo cuatro letras. Si usas más letras, podrás inventar nuevas palabras, encontrar nuevas formas de usarlas y serás capaz de contar historias más interesantes".

Hasta el momento, el nuevo par de bases introducido no juega ningún papel activo en la biología de la bacteria que lo ha incorporado. Pero el equipo de Romesberg está intentando solucionar ese problema y dar en el futuro alguna función al par de bases incorporado.

Los autores del trabajos han comentado que los organismos así obtenidos pueden usarse también para explorar el origen y la evolución del DNA e investigar por qué la naturaleza ha asentados las bases del DNA existentes. Otras posibles aplicaciones son la síntesis de nuevos medicamentos y las relacionadas con los nuevos tipos de nanotecnologías.

Por otra parte, sólo unos meses después del artículo que estamos comentando, el mismo grupo de trabajo ha publicado el desarrollo de todo un grupo de pares de bases no naturales que se aparean mediante interacciones hidrofóbicas y que son perfectamente replicadas y transcritas[35]. Este y otros descubrimientos semejantes muestran que existen múltiples candidatos para llevar a cabo "in vivo" la misma función que el par de bases ya estudiado.

<u>Reacciones de los expertos</u>

Aunque normalmente se acepta que estamos aún muy lejos de lograr una nueva protocélula completamente sintética, la mayoría de los expertos consultados han resaltado la importancia del avance logrado por el grupo de Romesberg, así como lo peligros que su utilización puede llevar consigo.

Especialmente interesante es el comentario publicado en el mismo número de la revista Nature por R. Thyer y J. Ellefson[36], los cuales comienzan por sugerir que el alfabeto de la vida basado en las cuatro bases del DNA puede haber sido un accidente de la historia más que una necesidad funcional. Poco tiempo después del descubrimiento del DNA se propuso que otros análogos de las bases naturales podrían ser utilizadas por los seres vivos, pero tuvieron que pasar más de 30 años para tener las suficientes herramientas para poder demostrar esta hipótesis. Así, en 1989, se demostró que un par de bases formado por isómeros de la guanina y citosina fue sintetizado, replicado y transcrito "in vitro"[37]. Unos años más tarde, en 1995,

---

[35] DHAMI, K., MALYSHEV, D. A., ORDOUKHANIAN, P., KUBELKA, T., HOCEK, M. and ROMESBERG, F. E., Systematic exploration of a class of hydrofobic unnatural base pairs yields multiple new candidates for the expansion of the genetic alphabet, *Nucl. Ac. Res. DOI: 10, 1093/nar/gku715*, 2014.

[36] THYER, R. and ELLEFSON, J., New letters for life's alphabet, *Nature* 509 (2014) 291-292.

[37] SWITZER, C., MORONEY, S. E. and BENNER, S. A., Enzymatic incorporation of a new base pair into DNA and RNA, *J. Am. Chem. Soc.* 111 (1989) 8322-8323.

vino el sorprendente encuentro de que los puentes de hidrógeno entre las bases complementarias no eran un requisito absoluto para el emparejamiento, ya que podían ser sustituidos por interacciones hidrofóbicas[38]. Esto permitió el desarrollo independiente de tres pares de bases capaces de replicarse "in vitro" con una fidelidad superior al 99%.

Para Thyer y Ellefson, lo importante del trabajo de Romesberg ha sido vencer todas las dificultades para lograr que las bases no naturales pasen al interior celular, se incorporen al DNA y se repliquen "in vivo" en la bacteria *E. coli*. El siguiente paso crucial será demostrar que estas bases pueden ser transcritas para formar un RNA "in vivo". Asimismo, será interesante probar si las mencionadas bases pueden ser incorporadas en las secuencias promotoras del DNA o en los sitios de unión de los represores, actuando así en la iniciación y en la regulación de la expresión génica. Pero quizás la aplicación más llamativa de este par de bases, o de otras que puedan funcionar de igual manera, será la formación de nuevos codones del código genético, lo cual significa que podrían ser incorporados nuevos aminoácidos dando lugar a proteínas de composición y función completamente desconocida.

En este momento, surge la pregunta de por qué la evolución biológica se paró con las cuatro letras y por qué parar en seis las letras del DNA. Las numerosas bases no naturales ya sintetizadas o por sintetizar podrían ser sustratos aceptables para los trasportadores y para la maquinaria de replicación celular. Esto plantea cuestiones fundamentales sobre la naturaleza universal del DNA y para el entendimiento de la propia vida. Si el descubrimiento de Watson y Crick sentó las bases de una nueva genética, el trabajo de Romesberg significa que esa

---

[38] SCHWEITZER, B. A. and KOOL, E. T., Hydrofobic, non-hydrogen-bonding bases and base pairs in DNA, *J. Am. Chem. Soc.* 117 (1995) 1863-1872.

genética ofrece un mecanismo de ampliación de la diversidad biológica y potencialmente para construir un mejor futuro biológico.

Pero no todas las reacciones son igualmente positivas. Las nuevas posibilidades pueden representar un salto al vacío que hasta ahora ha sido insondable para la evolución. Quizás para tranquilizar un poco los ánimos, los autores del trabajo han puesto de manifiesto que todo el proceso está perfectamente controlado, ya que su bacteria semi-sintética no puede mantener su DNA ampliado a menos que se mantenga en condiciones muy particulares, como son el suministro de las bases especiales y de la proteína transportadora. Así, parecen haber demostrado que cuando se eliminan los nucleósido-trifosfatos con las bases no naturales o bien se paraliza el suministro de la proteína transportadora, el proceso continúa con normalidad, reemplazándose estas bases por las naturales y desapareciendo del genoma las no naturales. Romesberg ha declarado a la BBC que:

"La gente se pregunta si estamos rediseñando los sistemas biológicos y cual es la probabilidad de que estos diseños sean captados por sistemas naturales. Pero si se volcara el frasco que los contiene en el suelo, y se pegaran a tus zapatos y caminaras hacia fuera, los organismos serían liberados al medio ambiente pero no serían capaces de replicar el DNA con el par de bases artificiales".

Otros especialistas han comentado que claramente eso es una preocupación para todos… pero sería muy poco probable que este diseño sea absorbido por los sistemas vivos normales.

Por otra parte, muchos de los expertos consultados han puesto de manifiesto el aspecto económico que llevan consigo estos estudios. El Tribunal Supremo de EEUU sentenció en 2013 que los "productos de la naturaleza" no se pueden patentar. Los jueces se referían a la secuencia de genes que confiere susceptibilidad al cáncer. Pero el DNA con seis bases no es ni mucho menos un producto de la naturaleza, por lo que siguiendo esta jurisprudencia, será patentable al menos en EEUU con una gran rentabilidad. Pensemos en lo que significaría poder obtener proteínas que están hechas con componentes nuevos que no se encuentran en la naturaleza. En cualquier caso, lo que en el fondo se persigue en este campo de la biología sintética que avanza a tan gran velocidad es poder diseñar y fabricar organismos vivos cuyo DNA se escriba y se programe como el sistema operativo de una computadora. Podríamos preguntarnos ¿para qué queremos fabricar seres vivos artificiales? Según los científicos, para proporcionarle nuevas funciones útiles como producir fármacos más eficientes, eliminar los desechos tóxicos o usar la luz solar como fuente de energía, etc. ¿Pero sólo con fines útiles? ¿Es un sueño lejano o una realidad no tan lejana? A pesar de los riesgos que pueden tener estas nuevas formas de vida, el frenar investigaciones con tantas posibilidades económicas puede resultar imposible.

2.- Implicaciones éticas y religiosas de la biología sintética

Como fácilmente se puede imaginar, los trabajos sobre la nueva biología sintética llevan consigo importantes implicaciones éticas que los autores admiten. Por ejemplo, Venter comentó a raíz de sus trabajos:

> *"Las discusiones éticas relativas a la vida sintética las tenemos desde las primeras etapas del trabajo. Según se vayan extendiendo las aplicaciones de la genómica sintética, anticipamos que este trabajo continuará planteando asuntos filosóficos con implicaciones sociales y éticas. Animamos al diálogo continuo"[39].*

En sus memorias publicadas unos años antes[40], Venter se dibuja como una fuerza de la naturaleza, un hombre aún más poderoso que inteligente. Respecto a sus trabajos de entonces, escribía lo siguiente:

> *"Si tenemos éxito, una nueva criatura habrá llegado al mundo, aunque dependa para su existencia de la maquinaria celular de un bichito para leer su DNA*

---

[39] Ver ref. 1.
[40] Ver ref. 14.

artificial... Añado que hemos realizado una importante evaluación ética de lo que estamos haciendo y creemos que esto es buena ciencia".

Sin embargo, en unas declaraciones efectuadas al diario británico "The Independent", el mismo Venter comentaba:

"Creo que las regulaciones existentes no bastan y como inventores de esto y responsables de su desarrollo queremos ver que se hace todo lo posible para prevenir abusos... Intentamos tomar todas las medidas responsables posibles. Creo que es el primer caso en el campo científico en que se ha llevado a cabo un amplio estudio bioético antes de acometer los experimentos"

Ya en 1999, el estudio sobre el genoma mínimo produjo reacciones encontradas en los diferentes campos relacionados. A modo de ejemplo muy significativo, destacamos parte del comentario hecho por el Grupo de Ética de la Genómica:

"El proyecto de construir nuevos y mínimos genomas no viola ningún precepto moral fundamental, pero introduce preguntas que son esenciales y que deben ser consideradas antes de nuevos avances tecnológicos... La tentación de demonizar esta investigación fundamental puede ser irresistible"[41].

Los principales problemas se presentan en relación a la libertad de investigación, considerando los pros y los contras, pero no sólo sobre hacer una determinada investigación sino también sobre el no hacerla. En el caso del último trabajo de Venter, se ha dicho que:

---

[41] CHO. M. K., MAGNUS, D.,CAPLAN, A. L.,MCGEE, D., and THE ETHICS OF GENOMICS GROUP, Ethical considerations in synthesizing a minimal genome, *Science* 286 (1999) 2087-2090.

"Los biólogos se deleitan en la excitación del descubrimiento y los ingenieros en el arte de la creación. En la fusión de los dos campos, los biólogos sintéticos están rompiendo las palabras internas de la vida intentando recrearla en el laboratorio, pieza a pieza... A medida que los trabajos sobre biología sintética continúan creciendo, aparecen nuevas ramas del Árbol de la Vida, a partir de nuevos organismos sintetizados y creados por técnicos. Estos hechos requerirán un desarrollo cuidadoso de las herramientas éticas acerca de la construcción de vida sintética y su riesgo potencial, su utilidad y su impacto en la sociedad"[42].

Para la mayoría de los bioeticistas, el trabajo puede tener aplicaciones beneficiosas pero también conducir a situaciones serias para la bioética. La labor de la ética debe estar encaminada a examinar el riesgo que el conocimiento de la biología sintética puede tener si se usa mal, por ejemplo en casos de terrorismo o de guerra biológica. Para dirigir adecuadamente su estudio, los bioeticistas deben prestar atención no sólo a que clase de conocimiento científico se origina, sino también a cómo es ofrecido a la sociedad[43].

El presidente de Estados Unidos ha pedido a la Comisión Presidencial para el estudio de Asuntos de Bioética que analice las implicaciones éticas que tiene el descubrimiento. Obama ha dicho que la Comisión debería publicar tanto los potenciales "beneficios" como los potenciales "riesgos" del hallazgo en la medicina, el medio ambiente, la seguridad o la salud. La Comisión debería hacer una serie de recomendaciones que el

---

[42] WANG, H. H., Synthetic genomes for synthetic biology, *J. Mol. Cell Biol.* 2 (2010) 178-179.

[43] Cf. CHO, M. K. and RELMAN, D. A.,Synthetic «life», ethics, national security, and public discourse, *Science* 329 (2010) 38-39; DOUGLAS, T. and J. SAVULESCU, J., Synthetyic biology and the ethics of knowledge, *J. Med. Ethics* 36 (2010) 687-693.

gobierno federal debería tener en cuenta para asegurarse el disfrute de beneficios de este campo de investigación científica a la vez que se dibujan las fronteras éticas y se minimizan los posibles riesgos.

Ya en 1975, más de cien biólogos moleculares, varios de ellos premios Nóbel, se reunieron en la célebre conferencia de Asilomar para estudiar los problemas que podían plantear los microorganismos recombinantes. En esa reunión se decidió el establecimiento de una serie de pautas de precaución, a las que se obligaban todos los que habían iniciado trabajos de DNA recombinante, asignándose a cada tipo de ensayo un nivel de riesgo: mínimo, bajo, moderado o alto. Esta moratoria fue respetada muchos años, hasta que aparecieron nuevos procedimientos de obtención de DNA recombinante y vectores más seguros. Entonces, se cuestionó si era ético transferir genes entre organismos de distinta especie, alterando así el contenido genético resultante de la selección natural típica de la evolución. Sin embargo, los trabajos continuaron y hoy día disponemos de un gran número de especies, tanto vegetales como animales, llamados transgénicos, fruto de este tipo de experimentación.

Hasta hace poco tiempo, la reflexión bioética ha atendido más a los medios que a los fines, especialmente porque iba dirigida a profesionales sanitarios cuya cuestión principal es resolver los problemas que le plantea la utilización de los nuevos medios técnicos. Sin embargo, es necesario cambiar la orientación de la bioética, corregir su punto de mira. Como bien dice el Prof. D. Gracia:

"La bioética del nuevo milenio, si quiere enfocar de veras los problemas que tiene delante, habrá de ser una ética de la responsabilidad. Y por lo tanto habrá de

conceder un lugar preferente a la reflexión sobre los fines... Pero para ello, hay que cuestionar muchas categorías que se aceptan de modo casi infalible... Es preciso incrementar las vías de participación y la escasa deliberación colectiva, en orden a definir los valores y los fines sociales... El éxito social de la bioética parece muy relacionado con la necesidad que la sociedad siente de reflexionar en profundidad sobre los problemas de valor"[44].

Hace dos siglos, Kant propuso su célebre imperativo categórico formulado de dos maneras ligeramente distintas, pero con un mismo significado:

"Obra de tal modo que la máxima de tu voluntad pueda valer siempre, al mismo tiempo, como principio de una legislación universal"[45].

"Obra de tal modo que uses la humanidad, tanto en tu persona como en la persona de cualquier otro, siempre como un fin al mismo tiempo y nunca solamente como un medio"[46]

Pero esta ética de la responsabilidad no puede quedar reducida al pasado o al presente sino que tiene que mirar fuertemente hacia el futuro. Las consecuencias de las actividades actuales pueden ser de enorme trascendencia para el futuro. Esto significa que proteger el mundo de hoy para que las condiciones de su existencia permanezcan intactas lleva consigo protegerlo, en su vulnerabilidad, contra cualquier amenaza que pueda modificar tales condiciones. Por eso, H. Jonas considera que en

---

[44] GRACIA, D., *Como arqueros al blanco. Estudios de bioética*, Triacastela, Madrid 2004, 88-91.
[45] KANT, I., *Crítica de la razón práctica*, Porrúa, México D. F. 1983, 112.
[46] KANT, I., *Fundamentación de la metafísica de las costumbres*, Porrúa, México D. F. 1983, 44-45.

el imperativo categórico de Kant hemos de introducir no sólo a la humanidad presente sino a la futura:

"Un imperativo que se adecuara al nuevo tipo de acciones humanas y estuviera dirigido al nuevo tipo de sujetos de la acción diría algo así como «Obra de tal modo que los efectos de tu acción sean compatibles con la permanencia de una vida auténtica en la Tierra»; o expresado negativamente: «Obra de tal modo que los efectos de tu acción no sean destructivos para la futura posibilidad de esa vida»"[47].

De una manera parecida se manifestaba R. M. Green al considerar que a la pregunta sobre nuestras obligaciones morales con las generaciones futuras no se puede responder con criterios utilitaristas ni decisionistas, sino con los criterios de Kant que pueden reducirse a la famosa frase "Ponte a ti mismo en el lugar del otro". En este sentido, Green formulaba el siguiente principio moral:

"Estamos obligados a hacer lo posible por asegurar que nuestros descendientes tengan los medios para una progresiva mejor calidad de vida que nosotros, y a que, como mínimo, no queden en una situación peor que la actual por nuestras acciones"[48].

En relación con las obligaciones morales respecto a las generaciones futuras podríamos citar también a K. O. Apel para quien la ética sólo existe cuando se considera a los hombres como una comunidad de seres racionales con igualdad de

---

[47] JONAS, H., *El principio de responsabilidad. Ensayo de una ética para la civilización tecnológica*, Herder, Barcelona, 2004 39-40.

[48] GREEN, R. M. "Justice and the Claims of Future Generations": en SHELF, E. E. (Ed.), *Justice and Health Care*, Reidel, Dordrecht 1981, 198.

derechos en tanto que seres que son fines en sí mismos. Este autor enumera dos principios regulativos fundamentales:

"1.- En cada acción u omisión debemos tratar de asegurar siempre la supervivencia del género humano como comunidad real de comunicación"
2.- Debemos intentar realizar la comunidad ideal de comunicación en la real"[49].

En el nivel ideal, Habermas y Apel propusieron el llamado "principio procedimental de universalización de normas" que puede formularse así:

"Toda norma válida debe satisfacer la siguiente condición: que puedan ser aceptadas por todos los afectados (y preferidas a las consecuencias de las posibles alternativas conocidas) las consecuencias y las consecuencias secundarias que, para satisfacer los intereses de cada individuo, se seguirían (previsiblemente) en el caso de que fuera seguida universalmente"[50].

Este principio característico del nivel ideal debe ser complementado con otro a nivel real, que Apel ha llamado "principio de complementación" y que nos dice que:

"Es moralmente obligatorio colaborar en la realización del principio procedimental de universalización de normas, teniendo en cuenta las condiciones situacionales y contingentes"[51].

---

[49] Citado por GRACIA, D. "Libertad de investigación y biotecnología", en J. GAFO (Ed.), *Ética y biotecnología*, UPCO, Madrid 1993, 28.
[50] Citado por GRACIA, D., *o.c.* (nota n. 48), 28.
[51] APEL, K. O. "¿Límites de la ética discursiva?": en CORTINA, A., *Razón comunicativa y responsabilidad solidaria*, Sígueme, Salamanca 1985, 261.

Cuando se actúa conforme a ambos criterios, la vida civil es verdaderamente ética, y el gobernante adquiere la categoría de político moral, según Kant. Sólo entonces existe verdadera democracia, y quedan asegurados los derechos de todos los hombres, tanto presentes como futuros.

En resumen, podemos terminar este tema recogiendo una frase del Prof. Gracia, y que nos enlaza con el problema a discutir en las líneas siguientes: la relación entre la responsabilidad del investigador y los límites de la investigación:

"Todo investigador, también el que trabaja en estos ámbitos, debe gozar de libertad de investigación. Pero esta libertad ha de tener por límite la lesión de los derechos fundamentales de las demás personas, que en temas como los citados pueden llegar a ser todos los seres humanos, tanto presentes como futuros. Lo cual es de todo punto evidente desde el punto de vista ético, pero sigue sin ser fácil de operativizar jurídica y políticamente. Esta es, sin duda, una de las mayores paradojas de nuestro tiempo"[52].

Y ahí es donde reside una de las interrogantes más fuertes de los nuevos descubrimientos. Como en casos anteriores debe haber una regulación jurídica para que los expertos en bioética puedan trabajar en este campo en beneficio de la humanidad. Para evitar situaciones de riesgo, sería conveniente que la sociedad conociera la trascendencia de estas investigaciones para establecer normas de obligado cumplimiento basadas en la seguridad de las tecnologías emergentes.

---

[52] GRACIA, D., *o.c.* (nota n. 48), 29

Desde el punto de vista religioso, en el trabajo citado de Cho y col. podemos leer:

"Sorprendentemente, ha habido poca inclinación dentro de las comunidades religiosas de Occidente hacia la definición de la vida o hacia la descripción de la esencia de la vida. Sin embargo, estas comunidades han expresado sus dudas sobre una definición puramente científica de la vida. En el caso presente, la mayor presión puede venir de considerar si tal investigación constituye una intrusión fuera del campo de la naturaleza, es decir, si trabajar con genomas mínimos constituye un "jugar a ser Dios"[53].

Dentro de las comunidades religiosas judeo-cristianas y de la sociedad occidental en general hay puntos de vista completamente opuestos sobre hasta donde puede llegar el control y la manipulación humana de sí misma y del medio ambiente. Sin embargo, se puede encontrar un punto medio basado en la aceptación de las capacidades y limitaciones humanas, de tal modo que se rechace la pasividad para no tener responsabilidades a la vez que la arrogancia de creernos héroes sin mirar los riesgos del avance del conocimiento humano. Aunque existe un fuerte debate en algunos círculos religiosos acerca de los límites de la iniciativa humana en el campo de la nueva biología, el punto de vista dominante es que, mientras hay razones para tener una cierta precaución, no hay nada en la investigación para crear un genoma mínimo que esté automáticamente prohibido por consideraciones puramente religiosas. Lo importante es trabajar juntos en lo que concierne a los aspectos éticos y religiosos. En el caso actual, las altas instancias de la Iglesia católica han mostrado su perplejidad y su

---

[53] Ver cita 43.

inquietud por tratarse, según dicen, de un salto desconocido potencialmente devastador, pero no han avanzado más conclusiones sobre el tema. De todas formas, tampoco consideran que haya habido creación de nueva vida.

Como hemos señalado, cuando se produce un importante descubrimiento en las ciencias biológicas suele decirse, especialmente por los partidarios de frenar la investigación de este tipo, que el hombre está tratando de "jugar a ser Dios", está tratando de suplantar a Dios en la creación de la vida. En la Biblia, (Gn 2,16) se nos cuenta como puso Dios a Adán y Eva en el paraíso con la única prohibición de comer del árbol de la ciencia del bien y del mal, y por eso la serpiente tentó a Eva ofreciéndole la fruta prohibida diciéndole

"se os abrirán los ojos y seréis como dioses, conocedores del bien y del mal"[54].

Por eso, cuando se produce un descubrimiento importante para la vida se compara con ese poder de ser como dioses, o se considera tal trabajo como un "jugar a ser Dios". Sin ir más lejos, mediante la técnica de fecundación "in vitro" el hombre puede originar una nueva vida en el laboratorio, pero no actúa como "creador" ya que la nueva vida ha sido constituida a partir de dos células preexistentes, los gametos masculinos y femeninos. Como veremos después, el hombre procede de Dios, pero no es Dios: es un ser humano y tiene la posibilidad de dar vida procreando, pero no construyéndola artificialmente.

Estas y otras consideraciones semejantes nos llevan a la necesidad de preguntarnos: ¿Qué es la vida? ¿Qué es la vida

---

[54] Gn 3,5.

artificial? ¿Qué es la creación? ¿Cuál es el papel de Dios y del hombre en la creación?

3.- El concepto de vida y de vida artificial

3.1.- Hacia una posible definición de la vida

El concepto de vida es extraordinariamente difícil de precisar. Podemos encontrarnos diversas definiciones de vida, pero ninguna de ellas es lo suficientemente clara y precisa como para poderla adoptar sin más. La mayoría de las definiciones clásicas de la vida son fenomenológicas, insistiendo en los rasgos que diferencian los seres que llamamos vivos de aquellos que son inanimados. Por lo tanto, estos rasgos nos permitirán identificar a los seres vivos pero no a la propia vida.

Así, por ejemplo, el Diccionario de la RAE considera la vida como "fuerza o actividad interna, mediante la que obra el ser que la posee", pero incluyendo la palabra "ser" en dicha definición. La Enciclopedia Labor, en una definición más antigua (1968), la considera como el carácter que distingue a los animales y vegetales de los demás seres, pero sin incluir a las bacterias, los protistas y los hongos que también lo son. La Real Academia de Ciencias Exactas, Físicas y Naturales la define como "forma de organización de la materia caracterizada por determinados procesos físicos y químicos, cuya conjunción le permite autoorganizarse, realizar funciones de relación y reproducción, y evolucionar.

Científicamente la vida se refiere a la duración de las cosas o a su proceso de evolución. En general, es el estado entre el nacimiento y la muerte. Una definición un tanto compleja la considera como la capacidad de administrar los recursos internos de un ser físico de forma adaptada a los cambios producidos en su medio, sin que exista una correspondencia directa de causa y efecto entre el ser que administra los recursos y el cambio introducido en el medio por ese ser.

Desde el punto de vista bioquímico, la vida puede definirse como un estado o carácter especial de la materia alcanzado por estructuras moleculares específicas, con capacidad para desarrollarse, mantenerse en un ambiente, reconocer y responder a estímulos y reproducirse permitiendo la continuidad. Desde la perspectiva de la Psicología, la vida es un sentimiento apreciativo por las interacciones del ego con el medio y, por reacción a dicho sentimiento, la lucha por mantener su homeostasis en estado preferente.

Para la Biología es aquello que distingue a los reinos animal, vegetal, hongos, protistas, arqueas y bacterias del resto de manifestaciones de la naturaleza. Pero este concepto se basa de nuevo en las características de los seres vivos, más que en la propia vida, considerándolos como sistemas fisicoquímicos complejos capaces de almacenar y transmitir información molecular en forma de ácidos nucleicos, por poseer catalizadores enzimáticos, por sus relaciones energéticas con el medio ambiente, por sus procesos internos de conversión de energía (fotosíntesis, respiración, etc.), por su capacidad de crecer y reproducirse y por su capacidad para responder a los estímulos (irritabilidad).

En este sentido, la biología no trata de la vida en sí misma, lo que es propio de la filosofía natural, sino de las manifestaciones o fenómenos de los organismos vivos. Al intentar comprender qué es la vida, nos encontramos con un cierto apofatismo, es decir, una cierta dificultad para comprender y expresar la esencia última del ser vivo:

"La vida es un concepto abstracto, difícil de definir, pero de fácil comprensión, puesto que estamos en contacto directo con los seres vivos, empezando por nosotros mismos"[55].

En biología se define como ser vivo aquella estructura molecular autoorganizada capaz de intercambiar energía y materia con el entorno con la finalidad de automantenerse, renovarse y finalmente reproducirse. Dicho de otra manera, los seres vivos se distinguen de los seres inertes por un conjunto de características como son la organización molecular, la reproducción, la evolución y el manejo no espontáneo de su energía interna. Desde un punto de vista más biofilosófico

"podríamos decir que un ser vivo, desde una bacteria, pasando por todo el reino vegetal y animal el hombre, se comporta como una unidad de estructuras y funciones jerárquicamente integradas en todas sus manifestaciones, tendiendo siempre a conservar su estructura... Las categorías fundamentales de este discurso de comprensión de los organismos vivos serían: comprensión holística (o totalidad), sistema, proceso,

---

[55] IFTIME, O.,Life sciences, apophatism and bioethics, *Eur. J. Sci. Theol.* 2 (2006) 21-46.

emergencia de novedad, cambio (evolución), teleología (ejecución de acciones encaminadas a un fin) y desarrollo epigenético"[56].

Una de las características que en la actualidad se consideran más importantes de los seres vivos es su capacidad para reaccionar como un todo, como una unidad, de tal manera que todo ser vivo se comporta

"como una unidad de estructuras y funciones jerárquicamente integradas en todas sus manifestaciones, tendiendo siempre a conservar su estructura"[57].

La definición de un ser vivo requiere la comprensión de autopoeisis:

"El hacerse a sí mismo es un patrón de red en el que la función de cada componente consiste en participar en la producción o transformación de otros componentes de la red, de tal modo que ésta se hace a sí misma continuamente. Es producida por sus componentes y, a su vez, los produce"[58].

El ser vivo más simple que tiene capacidad autopoiética es la célula procariótica, que sería el único tipo de vida que existió en la biosfera durante unos mil millones de años. A partir de ella, todos los seres vivos tienen el mismo modelo de estructura celular y los mismos componenetes fundamentales: los veinte

---

[56] NÚÑEZ DE CASTRO, I., *De la dignidad del embrión. Reflexiones en torno a la vida humana naciente*, UPCO, Madrid 2008, 16-17.

[57] NUÑEZ DE CASTRO, I., "Emergencia, vida y autotrascendencia activa: reflexionando cobre la realidad evolutiva": en BERMEJO, D. (ed.), *Pensar después de Darwin. Ciencia, filosofía y teología en diálogo*, Sal Terrae y UPCO, Santander y Madrid 2014, 187.

[58] CAPRA, F., *La trama de la vida. Una nueva perspectiva de los seres vivos*, Anagrama, Barcelona 1998, 175.

aminoácidos proteinogenéticos, las cuatro bases de los ácidos nucleicos, los mismos azúcares, el mismo código genético y los mismos grandes procesos metabólicos. De aquí la afirmación de Teilhard de Chardin:

"Profusión tanteante, ingeniosidad constructiva, indiferencia para todo lo que no es Porvenir y Totalidad. La vida, en virtud de sus mecanismos elementales, va elevándose gracias a estos tres vectores. Y gracias también a un cuarto, que los envuelve a todos: el de una unidad global... Considerada en su totalidad, la sustancia viviente extendida sobre la Tierra dibuja, desde los primeros estadios de su evolución, las alineaciones de un único y gigantesco organismo"[59].

Ya Aristóteles intentó responder a la pregunta sobre qué es lo que da la vida a un organismo para poderlo llamar vivo:

"Y solemos llamar vida a la autoalimentación, al crecimiento y al envejecimiento"[60].

Para este autor, el principio de animación de todo ser vivo es la "psyché", el alma, definida como una "entelequia", que a su vez es un vocablo formado por dos palabras griegas: *"entelés"* y *"échein"*, que vienen a significar aquello que tiene un fin en sí mismo. O dicho con otras palabras, no es una realidad irreconciliable con el cuerpo sino la forma sustancial que, estructurando el cuerpo, hace que sea lo que es en realidad.

---

[59] TEILHARD DE CHARDIN, P., *El fenómeno humano*, Taurus, Madrid 1967, 137.
[60] ARISTOTELES, *De anima, II, 1, 412ª; Acerca del alma*, Gredos, Madrid 1978, 168.

3.2.- ¿Se puede hablar de vida artificial?

A partir de los trabajos del equipo de Venter en el año 1999 comenzó a hablarse de "vida artificial" o "vida sintética" para expresar la forma de crear vida en el laboratorio a partir de un grupo reducido de genes que consideraban esenciales.

Como hemos explicado anteriormente, Venter y col. indicaron que su investigación era la etapa inicial de la posible construcción de una célula con un genoma mínimo esencial capaz de desarrollarse en condiciones de laboratorio. Ante ese requerimiento, Cho y col. publicaron un artículo en el que se discutían los aspectos éticos y religiosos de la cuestión:

"En la controversia científica actual sobre el concepto de vida, hemos visto que muchos biólogos la definen en términos de propiedades metabólicas, de la capacidad de respuesta al ambiente o de la capacidad para replicarse. Quienes consideran que la propiedad de replicación es la característica clave de la vida piensan que los genes constituyen tanto el origen como la naturaleza de los seres vivos. De acuerdo con ello, los genes son los que hacen que vivan los seres vivos[61].

La comparación del genoma de diferentes bacterias ha permitido indicar cual es en cada caso el llamado "genoma mínimo" suficiente para permitir la vida celular. Sin embargo:

"Esta colección de genes se queda corta a la hora de comprender el tamaño y el número mínimo de enzimas responsables de ciertos procesos metabólicos que faltan

---

[61] Ver cita 43.

en dichas formas de vida. De todas formas, estas experiencias van dirigidas, con mayor o menor éxito, a reducir el conjunto mínimo de genes para modelar la célula más primitiva que pudiera haber existido en las primeras etapas de la evolución de la vida"[62].

Este mismo grupo ha analizado comparativamente los genomas de 30 especies y han encontrado mediante un algoritmo de computación los 572 genes que deberían constituir el genoma de ese supuesto precursor al que han bautizado con el nombre de LUCA (acrónimo de "Last Universal Common Ancestor").

Como vemos, la genómica funcional se plantea la cuestión fundamental de cuantos genes son esenciales para la vida celular. Es decir, la pregunta ¿qué es la vida? puede expresarse en términos genómicos como ¿cuál es el juego mínimo de genes celulares esenciales? Pero ¿hay un conjunto de secuencias genéticas que define la frontera entre lo vivo y lo inerte? ¿Se podría lograr sintetizar una forma de "vida artificial" mediante el ensamblaje de un juego mínimo de genes? ¿Es esto una forma rampante de reduccionismo que pueda afectar a nuestra concepción de la vida humana?

Todos estos trabajos están produciendo un amplio debate por el miedo a las consecuencias de abordar el significado de la vida desde unas posiciones reduccionistas. Y es que

"La genómica en sí supone un reduccionismo máximo de la Biología al tratar a los organismos vivos desde la disección molecular de su genoma. El propio Dr. Venter decía: «... estamos cuestionándonos si es ético crear vida de forma sintética... creemos que esta discusión

---

[62] Ver cita 7.

*bien vale la pena... porque llega a la definición de lo
que es la vida». Como se mencionaba antes, en términos
genómicos la vida se identificaría con el genoma mínimo
o juego esencial de genes"[63].*

Como ha señalado el español F. J. Ayala:

*"las cuestiones sobre el reduccionismo aparecen en tres
campos distintos: el ontológico, el metodológico y el
epistemológico. En las discusiones sobre el
reduccionismo han de distinguirse estos tres campos
para evitar malentendidos"[64].*

El reduccionismo metodológico trata sobre las cuestiones
de estrategia de investigación y de adquisición de
conocimientos, lo cual es bueno siempre que se tenga una cierta
actitud crítica. Sin embargo, no siempre se ha tenido ni se tiene
esa actitud. Así, cuando Dulbecco propuso cartografiar el
genoma humano en 1986 llegó a afirmar:

*"la secuencia del DNA es la realidad de nuestra especie,
ya que todo lo que acontece en el mundo depende de la
realidad de esta secuencia"[65].*

Cuando estamos en la era de la epigenómica, no podemos
seguir manteniendo una afirmación tan simplista. Ya el primer
presidente del HUGO ("Human genome organization") puso
sobre aviso del

---

[63] LACADENA, J. R., *Vida, vida humana, vida artificial* (en línea) Madrid 2007,
http://www.cnice.mecd.es/tematicas/genetica/index.html (Consulta del 24 de Enero de 2011).
[64] AYALA, F. J. y DOBZHANSKY, T., *Estudios sobre la Filosofía de la Biología*, Ariel, Barcelona 1983, 10.
[65] DULBECCO, R., A turning point in cancer research: sequencing the human genome, *Science* 231 (1986) 1055-1056.

"riesgo más general y no menos tangible que puede acompañar a la obtención de un mapa completo del genoma humano es pensar que sabemos todo lo que hay que pensar sobre el hombre"[66].

Para el reduccionismo epistemológico, el ser humano se reduce a pura biología, y ésta a la química y a la física. Sin embargo, con lo que hoy se conoce sobre estas ramas de la ciencia, aparece como muy difícil la reducción epistemológica:

"Tampoco existe hoy día ninguna clase de postulados físicos o químicos de los cuales pueda deducirse cualquier ley biológica... Estas consideraciones dejan claro que la reducción de toda o incluso de la mayor parte de la biología a las ciencias físico-químicas resulta prematura hoy día"[67].

Los conceptos de sistema, proceso, jerarquización, emergencia, novedad, evolución, teleología, etc. que son necesarios para comprender las características de los seres vivos no se pueden explicar sólo en base a paradigmas físico-químicos.

Tampoco el reduccionismo ontológico puede aceptarse de un modo automático, ya que no se puede asegurar que los procesos físico-químicos constituyen por sí mismo la vida, en contraposición con todos los vitalismos que han supuesto desde siempre un "principio vital", bien se llame "entelequia", "alma" o "élan vital".

En cualquier caso, el reduccionismo es uno de los problemas éticos y filosóficos que plantea el proyecto de "jugar

---

[66] MCKUSIC, V., Mapping and sequencing the human genome, *N. Eng. J. Med.* 320 (1989) 910-915.
[67] AYALA, F. J., "Introducción": en AYALA, F. J. y DOBZHANSKY, T., *o.c.,* 13.

a ser Dios". En primer lugar, una aproximación reduccionista a este tema puede limitar nuestro conocimiento científico de los organismos vivos, así como nos puede llevar a la creencia errónea de que los virus fueron precursores filogenéticos de la vida celular. Asimismo, dirigiendo grandes esfuerzos hacia el conocimiento del papel del núcleo en el funcionamiento de una célula en comparación con otros elementos celulares podemos rebajar nuestro conocimiento de cómo opera una célula completa[68]. En segundo lugar, un conocimiento reduccionista de la vida, especialmente de la vida humana, no es satisfactorio para quienes creen que las dimensiones de la experiencia humana no pueden ser explicadas exclusivamente por un análisis fisiológico.

¿Cuáles son las implicaciones últimas de definir la vida en términos de DNA? ¿Pueden o deben los naturalistas decidir el significado de la vida sin tener en cuenta a los filósofos, a los teólogos, a los sociólogos e, incluso, al público en general? Existe el serio peligro de que la identificación y síntesis de los genomas mínimos sean presentadas por los científicos en la prensa o percibidas por el público como demostración de que la vida es reducible nada más que al DNA. La vida necesita no ser conocida sólo por lo que la tecnología nos permita descubrir. Al menos desde Aristóteles, ha sido tradicional ver la vida como algo más que pura física.

Reducir la vida a los genes tiene también profundas implicaciones para varios debates muy importantes para la sociedad en general, incluyendo los que se refieren a lo que constituye la vida humana y a sus comienzos. En efecto, algunos científicos han sugerido la aplicación del concepto de genoma mínimo a los seres superiores. Si nosotros extendemos el

---

[68] Cf. GILBERT, S. F., *Developmental Biology*, Sinauer Associated, Sunderland MA 2003.

reduccionismo implícito a la investigación con el genoma mínimo para definir la vida humana, van a aparecer inmediatamente nuevas fuentes de debate acerca de si las células madre, los embriones tempranos o los embriones híbridos que contienen DNA humano con componentes celulares de otras especies pueden ser considerados como seres humanos. Igualmente, la definición genética de cuando comienza la vida tendría implicaciones en el debate sobre el aborto.

Como hemos visto, el concepto de vida escapa a la biología como ciencia experimental. La pregunta clave que se plantea es si, en el fondo, la ordenación de los átomos y de las moléculas con la misma disposición que tienen en un ser vivo, conducirá directamente a un nuevo organismo. Y yendo más lejos, esa misma ordenación ¿hará que surja espontáneamente la conciencia?

Como muy bien ha expresado el Prof. I. Núñez de Castro:

"Desde Aristóteles hasta nuestros días los problemas para la comprensión de los seres vivos son recurrentes. Así, una nueva alianza entre la Biología y la Filosofía es necesaria en la búsqueda de las bases epistemológicas y ontológicas del estudio de la vida... La filosofía de la biología, la biofilosofía, muestra que la vida no es puro mundo físico. Lo viviente tiene sus raíces en lo físico. Pero representa una sorprendente novedad emergente que exige una nueva racionalidad explicativa. El holismo biológico supone un nivel de complejidad no visto en el mundo físico. El ser vivo como sistema y proceso jerarquizado teleológicamente dibuja una compleja organización que emerge novedosamente y que

exige a la ciencia pasar a rigurosas preguntas filosóficas"[69].

Frente al reduccionismo clásico se presenta hoy la alternativa del emergentismo. El paradigma emergentista supone que la realidad no es estática sino dinámica, en continuo cambio y desarrollo.

"Su lema científico esencial consiste en decir que el conjunto es siempre más que la suma de las partes. Así, la materia, al unirse de acuerdo con las leyes físico-químicas, produce sistemas cuyas propiedades son nuevas y no se reducen a ninguna de las propiedades de las partes integrantes aisladas. Por tanto, las propiedades emergentes se producen por una organización sistémica nueva de la materia"[70].

El Diccionario de la RAE define la emergencia como la "acción o efecto de emerger" y emerger como "brotar, salir a la superficie del agua o de otro líquido", dando a entender que la emergencia es el resultado de algo nuevo que brota. De manera más concisa, la Enciclopedia Británica define la emergencia como "la aparición de un sistema que no puede ser predicho o explicado por las condiciones antecedentes".

A lo largo de la historia se ha aceptado la aparición de ciertas propiedades que surgen al alcanzarse un determinado nivel de complejidad, pero que no existían en los niveles inferiores. A estas propiedades se les ha llamado "propiedades emergentes" porque no pueden ser deducidas o predichas a partir

[69] NÚÑEZ DE CASTRO, I., *Una nueva alianza entre la Biología y la Filosofía es necesaria para el estudio de la vida* (en línea), Madrid 2009, http://www.tendencias21.net (Consulta del 24 de Enero de 2010).
[70] ARMENGOL, D., *El emergentismo, una vía humanista de la ciencia. Más allá del reduccionismo supera la imagen del "hombre máquina"* (en línea), Madrid 2006, http://www.tendencias21.net (Consulta del 24 de Enero de 2010).

de los elementos del sistema, antes de que ha manifiesten por sí mismas.

En relación con el concepto de emergencia, Chalmers[71] ha distinguido entre emergencia débil y emergencia fuerte. Asimismo, Kauffman[72] ha propuesto considerar los campos epistemológico y ontológico dentro del mismo concepto. Normalmente, los conceptos que se manejan son los de emergencia fuerte y ontológica. Así, se suele considerar que los sistemas nuevos y complejos pueden llegar a la existencia con sus propias estructuras, leyes y mecanismos causales. Su eslogan principal sería "Más es diferente". Según Polkinghorne:

"La emergencia fuerte correspondería a un caso en el que el nuevo principio causal –de una clase distintiva no presente en niveles de complejidad inferiores– cobra actividad en un sistema complejo. Entonces «más» sería radicalmente «diferente». Un ejemplo de emergencia fuerte vendría dado... por la libertad que los seres humanos poseemos en cuanto sujetos agentes, así como por nuestra capacidad para actuar en el mundo..."[73].

La propia Enciclopedia Británica considera, entre otros, como casos de emergencia a lo largo de la evolución el origen de la vida, el origen de la célula eucariótica y la aparición de la conciecia reflexiva en el ser humano.

En resumen, creemos que las complejas consideraciones metafísicas acerca de los seres vivos, entre ellos los humanos, no

---

[71] Cf. CHALMERS, D. J., "Strong and weak emergente", en CLAYTON, P. and DAVIES, P. (Eds.), *The Re-emergence of Emergence*, Oxford University Press, Oxford 2006.

[72] Cf. KAUFFMAN, S., *Investigaciones: Complejidad, autoorganización y nuevas leyes para una biología general*, Tusquet, Barcelona 2003.

[73] POLKINGHORNE, J., *Explorar la realidad. La interrelación de ciencia y religión*, Sal Terrae, Santander 2007, 28.

pueden ser discutidas en términos reduccionistas de la presencia o ausencia de un conjunto determinado de genes. En este caso, para evitar una concepción reduccionista de la vida, hubiera sido necesaria la utilización del lenguaje adecuado y la explicación clara y sin elucubraciones del verdadero alcance de los nuevos descubrimientos… cosa que, en esta ocasión parece haberse sobrepasado.

En efecto, alrededor del 99% de la población estima que ya se ha conseguido la vida artificial, porque los medios de comunicación han presentado el trabajo de Venter de esa forma. Sin embargo, en el supuesto de que podamos delimitar esa cualidad, la vida la aportó él con la célula bacteriana receptora. Lo que hizo fue reproducir esa vida o, mejor dicho, reproducir esa célula utilizando una molécula de DNA sintetizada en el laboratorio a partir de sus propios constituyentes. Por lo tanto, creemos que en el trabajo de Venter no se puede hablar propiamente de "vida artificial": lo único que hay "artificial" de la nueva célula es su DNA. El resto de partes las ha "pedido prestadas" a una bacteria que ya existía. Por ahora, nos queda muchísimo para poder sintetizar en el laboratorio todos y cada uno de los constituyentes de una célula. El propio Venter ha insistido en que no se puede hablar todavía de vida artificial ni de células artificiales, ya que se trata en cualquier caso de experimentaciones basadas en células preexistentes. El mismo título del trabajo así lo indica: "Creación de una célula bacteriana controlada por un genoma sintetizado químicamente". No obstante, muchos investigadores tampoco lo consideran como "creación", sino solamente como una manipulación del genoma. Y todo lo expresado en relación a los trabajos de Venter podría aplicarse igualmente a los realizados posteriormente por el grupo de Boeke y Chandrasegaran, asi como los realizados por el grupo de Romesberg.

Todo esto nos lleva a la consideración del término creación y de su significado, lo mismo que hemos hecho sobre los términos vida y vida artificial.

4.- El concepto de creación

El tema de la creación es uno de los más discutidos en la filosofía y la teología. Para muchos autores, se trata de un concepto exclusivamente bíblico, puesto que sólo es accesible por medio de la revelación. Para otros muchos, sin embargo, la idea de creación tiene su raíz en la experiencia del carácter contingente del mundo. Como bien expresa Torres Queiruga:

> *"Ese carácter es el que, desde los comienzos mismos de la humanidad conocida, lleva a la intuición de una realidad que lo fundamenta en su ser y en su existir: sea el Ser Supremo de los «primitivos entre los primitivos» (tal como lo descubrió la Escuela de Viena), el «Uno que respira aliento» del Rig Veda, lo Sagrado en las innúmeras formas que reviste en la multiplicidad de religiones, o el Yahvé creador del Génesis bíblico"[74].*

Al hablar de creación no nos estamos refiriendo sólo a un "hacer" que, en definitiva, consiste en modificar algo que ya estaba hecho. Como dice Torres Queiruga:

---

[74] TORRES QUEIRUGA, A., *Recuperar la creación. Por una religión humanizadora*, Sal Terrae, Santander 1997, 40-41.

"En la creación, es la cosa misma, en su total existir, en su ser real, la que resulta puesta. De modo que no «es» primero la cosa, que luego recibe «algo», sino algo muchísimo más radical: que la cosa simplemente «no es» y que, por lo tanto, su ser consiste en «recibirse a sí misma»"[75].

O como dice Levinas:

"En la creación, lo llamado a ser responde a una llamada que no ha podido alcanzarlo, puesto que, salido de la nada, obedece antes de escuchar la orden"[76].

Lo cual significa que toda la realidad creada y todo en ella está "siendo" desde su creador.

Por otra parte, lo que hoy día tiende a aceptarse de un modo general es que el concepto de creación no coincide con el de origen del universo. Durante mucho tiempo, el concepto de creación fue interpretado como producción de algo a partir de la nada, en el marco de una cosmovisión estática en la que los distintos seres aparecen siempre idénticos a sí mismos desde el principio. Sin embargo, la creación no es sólo algo que ocurrió en el comienzo como una cosa puntual, sino que está sucediendo en cada momento. La llegada de la teoría de la evolución representó el comienzo de una nueva era en la comprensión del universo y de nuestro propio ser. Sin embargo, como señala Ruiz de la Peña:

"Cuando el mundo se concibe como un conjunto de criaturas invariables a través del tiempo, la acción de poner a dichas criaturas en la existencia sólo puede

---

[75] *Ibid.*, 43.
[76] LEVINAS, E., *De otro modo que ser, o más allá de la esencia*, Sígueme, Salamanca 1987, 182.

describirse como un producirlas de la nada. Ahora bien, las cosas cambian sensiblemente cuando se opera con una cosmovisión evolutiva... En este marco cosmovisivo, la noción clásica de creación no es aplicable a casi nada de lo existente, pues casi todo procede de algo, no de nada"[77].

¿Cómo concebir hoy la creación en un mundo en evolución? ¿Y cual es el papel de Dios y del hombre? En este sentido, se suelen distinguir varios niveles de creación que, en resumen, son los siguientes.

4.1.- La "creatio ex nihilo"

El Diccionario Ideológico de la Lengua Española define el término creación como "acto de crear o sacar Dios una cosa de la nada", considerando a Dios como el Creador por antonomasia. De acuerdo con esta definición se considera creación a la llamada comúnmente *creatio ex nihilo*.

"La creación es un término técnico, bará en hebreo (siempre tiene a Dios por sujeto), ktísis en griego y creatio en latín, y está siempre referido a la radical fundamentación del ser; la creatio ex nihilo no puede entrar, por lo tanto, a formar parte de ningún discurso científico"[78].

---

[77] RUIZ DE LA PEÑA, J. L., *Creación, gracia, salvación*, Sal Terrae, Santander 1993, 19.
[78] SEQUEIROS, L., *El designio chapucero. Darwin, la biología y Dios*, Khaf, Madrid 2009, 150.

a) Los relatos bíblicos de la creación

En la Biblia existen dos relatos distintos sobre la creación, que están puestos uno al lado del otro sin pretensión de armonizarlos, puesto que lo que interesa resaltar es su significado religioso y no la sucesión histórica de los acontecimientos.

Los relatos bíblicos de la creación son narrados en forma de mitos, semejantes a los que circulaban en países más o menos próximos al antiguo Israel. Esos relatos míticos o mitológicos no pretenden expresar verdades históricas ni mucho menos científicas, sino mostrar verdades simbólicas acerca del sentido, origen y meta del ser humano y de todo el universo. Las grandes culturas y las grandes religiones de todos los tiempos han intentado conocer cual es el sentido y el significado más amplio de la vida, de tal manera que los relatos de la creación ofrecen pautas para el comportamiento humano o modelos de vida de acuerdo con un orden universal diseñado por la divinidad o las divinidades frente a los poderes del caos.

El relato sacerdotal (Gn 1,1-2,4a)

Como es bien sabido, los capítulos primeros del Génesis contienen dos relatos de la creación. El primer relato (Gn 1,1-2,4a) procede de la "fuente o tradición sacerdotal" y fue compuesto hacia el siglo VI a.C., es decir, en tiempos exílicos o postexílicos. Está basado en el relato de la cosmogonía babilónica *"Enuma Elish"* ("Cuando en lo alto") que bien pudo haber sido elaborado durante el reinado de Nabucodonosor (1124-1103 a. C.). El principal verbo que vemos en Gn 1 para referirse a la acción creadora es *"bará"*, que aparece siete veces a lo largo del relato, número de la plenitud y la perfección. El término hebreo *bará* tiene un sentido totalmente específico que no es fácil de delimitar. Tiene dos significados: hacer y separar, perfectamente relacionados.

> *"Bará podría traducirse por: hacer-separando, hacer-haciendo-separado. En el principio Dios «hizo-separó» el cielo y la tierra, el día y la noche, el hombre y la mujer. Por consiguiente, no «hizo y luego separó». Tampoco «separó» una realidad preexistente y no creada y sólo después «hizo». Sino «hizo y separó». Crear es hacer, haciendo diferente, diferenciado; es constituir separado, hacer separando[79].*

Crear (*bará*) es ante todo constituir algo distinto de Dios. Pero también es hacer algo enteramente separado y distinto de todo lo anterior, carente de analogías y propio del Dios de Israel. Es interesante resaltar que el Deuteroisaías usa el mismo verbo *"bará"* no sólo para describir la obra divina pasada o presente (Is. 40,26.28; 42,5; 45,12.18) sino también la futura (Is. 41,20; 45,8), relacionando los conceptos de creación y salvación. Ese sería uno de los sentidos de la *creatio ex nihilo*: la realidad creada no viene precedida por un modelo del que lo creado sería una copia. La creación no se hace mediante un dictado en el que nosotros seríamos meros repetidores. Por otra parte, al hablar del mundo como creación de Dios, estamos considerando mundo a todo lo que existe fuera de Dios.

Según la Escritura, la idea de Dios como Creador tiene que extenderse a todos los seres distintos del propio Dios y existentes en la realidad. Pero teniendo en cuenta que la diferencia entre el Creador y las creaturas no puede interpretarse

---

[79] GESCHÉ, A., *El hombre*, Sígueme, Salamanca 2002, 69.

como distancia ni, mucho menos, como yuxtaposición. Dios es el que "hace ser" a todo lo demás; por lo tanto no se sitúa en paralelo con la creación sino que, como dice Zubiri, es ortogonal o perpendicular a las criaturas. Por eso, tampoco existe una especie de competencia por ocupar el mismo lugar, sino que, al contrario, cuanto más presente es el creador, tanto más "hace ser" a la criatura. El "ser" para la criatura significa estar "siendo traída" a la existencia, pero no por alguien que ocupa su propio espacio, sino por el creador que se lo está dando. De aquí que Dios no pueda aparecer como un enemigo de la vida humana, como una amenaza a la autonomía humana o como un impedimento para su realización. Al contrario:

> *"Dios resulta, pues, descubierto justamente en cuanto siendo como no es el mundo: lo necesario frente a lo contingente, lo absoluto frente a lo relativo, lo infinito frente a lo finito"*[80].

Bastantes autores creen que el concepto de creación a partir "de la nada" no está propiamente como tal en la Biblia hebrea. La "nada" es un término filosófico muy abstracto, impropio de una mentalidad semita, que sólo se formuló muchos siglos después en el Antiguo Testamento (especialmente 2 Mac 7,28) bajo la influencia de la cultura griega:

> *"Hijo mío, te lo suplico, mira el cielo y la tierra, fíjate en todo lo que contienen y verás que Dios lo creó todo de la nada y el mismo origen tiene el hombre".*

Esta frase está en un contexto en el que tiende a destacar la fe en la resurrección futura o salvación, que aparece así

---

[80] TORES QUEIRUGA, A., *o. c.*, 43.

fuertemente unida al concepto de creación. La resurrección se presenta así como el cumplimiento futuro de la creación original.

Lo que básicamente se pretende destacar con su uso es que Dios crea de manera completamente libre:

"Creación de la nada significa que en su libre acción creadora Dios no está condicionado tampoco por nada ajeno a él, por ningún presupuesto externo que limite su total libertad... La creación del mundo de la nada es el presupuesto y a la vez la consecuencia de la soberanía universal de Dios... La doctrina de la creación del mundo por Dios exige, por lo tanto, afirmar que todo cuanto existe tiene ser sólo porque Dios lo ha querido"[81].

No obstante, cuando se examinan cuidadosamente los dos primeros versículos del Génesis, encontramos una cierta irregularidad teológica. Mientras que el v. 1 ("En el principio creó Dios el cielo y la tierra") es una novedad respecto a otras cosmogonías religiosas de la época, el v. 2 ("La tierra era algo caótico y vacío, y las tinieblas cubrían la superficie del abismo") representa algo común en estas cosmogonías: el caos es algo primigenio, anterior a la creación, que se va ordenando durante ella. Así, el poema babilónico *"Enuma Elish"* al que antes nos hemos referido comienza así:

"Cuando arriba los cielos no existían
ni la tierra firme abajo tenía nombre,
sólo reinaban Apsu (=agua dulce), el progenitor,
y Tiamat (=agua salada), la que gestó;
sus aguas se confundían en uno"[82]

---

[81] LADARIA, L. F., *El hombre en la creación*, BAC, Madrid 2012, 71-72.
[82] Citado en RUIZ DE LA PEÑA, J. L., *Teología de la creación*, Sal Terrae, Santander 1988, 35.

El caos a que se refiere Gn 1,2 es la síntesis de todo lo que es hostil a la vida. La palabra hebrea utilizada (*"tohuwabohu"*) quiere significar un terreno yermo y desértico sobre el que no puede existir la vida, como las aguas que todo lo cubren aniquilando la vida. Pero sobre ese caos, aparece el *"ruah"* (palabra femenina) que podemos traducir por aliento, espíritu o vida, por lo que mediante la creación la palabra de Dios termina con el caos.

Un esquema semejante se puede observar en los poemas cosmogónicos de Egipto, Fenicia y Caldea, o sea, en el área cultural y geográfica de Israel. Sin embargo, la palabra hebrea caos ("tohû") no es ninguna realidad personal que pueda oponérsele a Dios, sino una situación desordenada previa a la creación. La misma palabra "tohû" se vuelve a encontrar en el Deuteroisaías, en la esperanza de una nueva salida (de Babilonia) más espectacular que la de Egipto, y en la que se subraya que sólo Dios es el creador (Is. 45,18).

En resumen,

"La Biblia hebrea jamás concibe el estado precreacional como una entidad propia, mítica y primigenia, de alguna manera comparable a Yahvé, a quien se opone. La tradición sacerdotal desmitifica el caos al despersonalizarlo y convertirlo en algo pasivo. Si la datación exílica o inmediatamente postexílica de este relato sacerdotal es correcta, su autor sacerdotal estaría aquí deslegitimando la cosmogonía babilónica... que en ese momento domina, o dominaba recientemente,

sobre Israel. Lo cual, en su contexto, tiene mucho de subversivo"[83].

Otro aspecto a destacar en el relato sacerdotal de la creación es que en ésta Dios crea mediante la palabra. Esta expresión aparece diez veces (número perfecto y redondo). Dios crea sin esfuerzo, sin ninguna mediación, sin rivales y sin colaboradores lo cual pone de manifiesto la diferencia entre la criatura y el creador. Este tipo de creación por la palabra es desconocida en la mitología mesopotámica, al contrario de la egipcia. Así, en la cosmogonía de Menfis, el dios creador es Ptah, probablemente por su condición de dios artesano, y en ella se combinan el pensamiento de la divinidad y la acción de la palabra, especialmente mediante la pronunciación de la palabra mágica correcta. Sin embargo, en el relato bíblico no hay palabra mágica ni ningún tipo de esfuerzo, lo cual es muy particular y único en el mundo antiguo.

La creación ocurre en seis días, según un relato muy ordenado en el que todos los elementos están interrelacionados y son creados por separación y diferenciación de parejas opuestas[84]: del caos preexistente van surgiendo los tres grandes espacios que luego serán ocupados por sus respectivos habitantes. De este modo, la creación se lleva a cabo mediante la ordenación del caos, sobre el que Dios va actuando según el esquema cosmológico que se tenía en aquellos tiempos, superponiendo en tres estratos las tinieblas, el agua y la tierra.

---

[83] LEÓN AZCÁRATE, J. L. DE, "La Biblia y las cosmogonías del antiguo Oriente Próximo: desmitificando el caos y el cosmos", en BERMEJO, D. (Ed.), *Pensar después de Darwin. Ciencia, filosofía y teología en diálogo*, Sal Terrae y UPCO, Santander y Madrid 2014, 369.
[84] Para un estudio más completo del texto bíblico, puede verse: RUIZ DE LA PEÑA. J. L., *Teología de la creación*, Sal Terrae, Santander 1988, 37-46.

De acuerdo con Blenkinsopp[85] podemos hacer el siguiente esquema:

Día 1: (v. 3-5)
Creación de la luz
Separación de las tinieblas

Día 4: (v. 14-19)
Creación de las luminarias
Separación del día y la noche

Día 2: (v. 6-8)
Creación del firmamento
Separación de las aguas
inferiores y superiores

Día 5: (v. 20-23)
Creación de los peces y las
aves

Día 3:
A: (v. 9-10)
Creación de la tierra seca

Día 6:
A: (v. 24-28)
Creación de los seres
terrestres y del hombre

B: (v. 11-13)
Creación de la vegetación

B: (v. 29-31)
Entrega de todo al hombre

Día 7
(2, 1-3)
Creación del sábado
Dios descansa

La acción creadora de Dios llega a su culminación con la creación del hombre: "Hagamos al hombre a nuestra imagen y semejanza" (v. 26); "Y creó Dios al hombre a su imagen; a imagen de Dios lo creó; hombre y mujer los creó" (v. 27). El término hebreo usado ("*adam*" = "hombre") no es una persona determinada llamada Adán, sino que se refiere a un colectivo que significa "humanidad" en su totalidad. Esa humanidad es creada por Dios a su imagen y semejanza, lo cual tiene un gran

---

[85] BLENKINSOPP, J., *El Pentateuco. Introducción a los cinco primeros libros de la Biblia*, Verbo Divino, Estella 1999, 86.

significado. El término hebreo *"tselem"* ("imagen") significa normalmente una reproducción exacta de algo, una estatua, mientras que el término *"demût"* ("semejanza") designa algo más abstracto que indica una correspondencia entre la representación y lo representado, si bien hay quien le da el significado de semejanza corporal que ocurre cuando un hombre engendra a su hijo:

> *"Adán, a la edad de ciento treinta años, engendró un hijo a su imagen, según su semejanza, y le llamó Set"*[86].

La condición de imagen y semejanza de Dios significa el dominio del hombre y la mujer sobre toda la creación. Los verbos empleados parecen excesivamente duros y han podido crear la idea de un dominio absoluto: *"radah"* ("pisar" y "dominar") y *"kabvash"* ("hollar con los pies" y "someter"). Aunque, efectivamente, puedan indicar un dominio violento sobre las criaturas, el contexto de los vs. 3-5 y 14-19 parece significar la tarea humana de controlar todo lo que vaya en contra del orden de la creación. Y esa tarea es encomendada por igual al hombre y a la mujer, sin ninguna diferencia en cuanto a sus funciones. A ambos les queda encomendado el dominio respetuoso y equilibrado de toda la creación, de tal modo que viendo al hombre, se vislumbre a Dios. Se trata de un dominio responsable de la creación, porque ese dominio es participativo del de Dios. Sólo Dios es el auténtico dueño y señor de la creación. Y como hemos visto en Gn 5,3, el privilegio de ser imagen y semejanza de Dios se transmite de padres a hijos, de tal manera que es una cualidad inherente a todos los seres humanos.

---

[86] Gn 5,3.

Pero además, para muchos autores, la analogía establecida entre Dios y el hombre radica en que éste es capaz de establecer una relación con Dios y con sus semejantes. Por eso, el v. 27 precisa que el ser humano fue creado como hombre y mujer; no como un ser solitario sino como un ser llamado a relacionarse. Como muy bien señala Ruiz de la Peña:

"El ser humano es, primaria y constitutivamente relación con Dios, «imagen de Dios». Es ésta una relación de dependencia absoluta, puesto que toda imagen recaba su propia consistencia y su razón de ser del original que reproduce. Ahora bien... esta relación de dependencia absoluta no degrada al hombre; todo lo contrario: constituye el fundamento de su dignidad... Pero además la categoría imagen de Dios incluye una relación recíproca: no es sólo el hombre el que con ella queda referido a Dios; es el propio Dios quien, de esta suerte, se autorremite al hombre"[87].

Por último, Gn 2,2-3 afirma que Dios concluyó la creación al séptimo día y que "descansó", bendiciendo y consagrando ese día. Estos dos versículos nos tratan de indicar que el descanso pertenece de algún modo a la realidad creada. Eso no significa que Dios dejara de ser creador, sino que puesto que es el modelo para el hombre (su imagen), el descanso se convierte en algo sagrado que hay que imitar:

"Este día de descanso y de fiesta de Dios se convierte, pues, por un lado en el prototipo del día festivo semanal, del sábado, y es, por otro lado, anticipación del fin último de la creación entera, al que está encaminada... El ser humano, en cuanto imagen y administrador de

[87] RUIZ DE LA PEÑA, J. L., *Imagen de Dios. Antropología teológica fundamental*, Sal Terrae, Santander 1988, 45.

Dios, debe imitar a su Dios tanto en el trabajo por la creación como en el disfrute del gozo que de ella se deriva, punto en el que es este segundo aspecto el que proporciona el genuino sentido del hacia donde, querido por Dios, de la creación y del trabajo"[88].

Por otra parte, los versículos mencionados significan que el poder creador de Dios se continúa en su imagen, el hombre, que es capaz de responder al creador en nombre de toda la creación, con lo cual el mundo no queda terminado, sino abierto a la acción creadora del propio hombre.

El relato yahvista (Gn 2,4b-25)

El segundo de los relatos bíblicos de la creación (Gn 2,4b-3,24) es mucho más antiguo que el primero, ya que procede de la llamada "fuente o tradición yahvista" correspondiente a finales del siglo IX o al siglo X a.C. y relata fundamentalmente la creación del hombre más que la creación del mundo. Esto no es de extrañar, ya que todas las culturas antiguas se han preguntado antes por el origen del hombre que por el del mundo. También en este caso, el relato está relacionado con otras cosmogonías míticas, especialmente en el poema de *"Gilgamés"*. En el texto aparecen una serie de relatos parciales que existían antes en la tradición oral de Israel, destacando la creación del hombre, la de la mujer y el origen del mal en el mundo. No obstante, presenta una cierta unidad en el sentido de que la creación del hombre lleva consigo la de su entorno físico (paraíso), en el que ese hombre tiene que ejercer responsablemente ante Dios una cierta actividad así como establecer una relación con todo lo que le rodea, incluida la mujer.

---

[88] KEHL, M., *La creación*, Sal Terrae, Santander 2011, 71.

"En el centro del mundo –aquí brotan los cuatro ríos mundiales que marcan los cuatro puntos cardinales– planta Dios, el Señor, el jardín del paraíso... Cuando el relato del paraíso junta la creación del hombre con su establecimiento en el jardín del paraíso, parte de la idea de que el hombre, en cuanto criatura, sólo puede existir en un sistema global de relaciones"[89].

Pero, ya desde el principio, Dios le señala al hombre cuales van a ser sus limitaciones de acuerdo con su condición de criatura, condiciones que el propio hombre se negó a respetar casi inmediatamente. El ser humano debía haber entendido esas limitaciones como algo necesario para mantener el orden y el equilibrio de la creación, que en el fondo le resultaba beneficioso. Pero cuando se decide libremente a traspasar esos límites, el hombre se perjudica a sí mismo y daña a toda la creación:

"El mal se presenta aquí como una trasgresión fundamental de los límites que daña profundamente y bajo todos los aspectos el armonioso entramado de relaciones de la creación"[90].

Por otra parte, "Dios modeló al hombre de arcilla del suelo e insufló en su nariz un aliento de vida y el hombre se convirtió en un ser viviente". Con estas expresiones, el autor nos quiere dar a entender que Dios forma de arcilla a todo el hombre, no sólo al cuerpo, y lo que le insufla no es el alma sino el aliento (*"neshamah"*) con lo cual resulta un ser viviente (*"nefes hajja"*), distinto de los animales puesto que sólo él puede relacionarse directamente con su creador. Sin embargo, comparte con todos los seres vivos su caducidad y su condición

---

[89] KEHL, M., *o. c.*, 76.
[90] KEHL, M., *o. c.*, 82.

mortal. El propio antropomorfismo del Dios "alfarero" nos recuerda la fragilidad de ese hombre hecho de arcilla, material reconocido por esa debilidad:

"El yahvista enfatiza deliberadamente la relación nativa que liga al hombre con la tierra: «adam» es de la «adamah» (el mismo parentesco etimológico se recoge en latín: homo-humus). Tal relación de origen se trocará, al final de la existencia humana, en una relación de destino: «adam» torna a la «adamah» de la que procedía (Gn 3,19). Y entre esta doble relación, de origen y destino, la vida del hombre se desplegará en la relación dinámica de su trabajo sobre la «adamah» (vs.5.15)"[91].

La muerte biológica no es el final de la vida terrena como consecuencia del pecado, pero sí lo es una determinada concepción de esa muerte. El hombre, al sentirse pecador, vive la muerte como un punto final o salida que interrumpe su vida, cuando estaba pensada originariamente como un tránsito o un paso a la vida eterna de Dios.

En cualquier caso, uno de los aspectos que el relato yahvista trata de destacar es el puesto privilegiado que el hombre tiene en la creación, respecto al resto de las criaturas y que reside en su especial relación con Dios. La noción del ser humano es calificada en este relato como ser relacional. El hombre es quien da sentido a toda la creación. Sólo del hombre y la mujer se dice que han sido creados directamente por las manos de Dios y que han recibido de Él el soplo de vida.

---

[91] RUIZ DE LA PEÑA, J. L., *cita 87*, 31.

b) Sobre el origen del universo

Como hemos dicho anteriormente, la Biblia no trata de resolver el problema del origen del universo, puesto que no describe hechos científicos. Hoy tiende a aceptarse que la idea de creación, considerada en sí misma, no implica necesariamente el comienzo temporal de las criaturas, aunque esto siempre se ha asociado a la idea creacionista. Sin embargo, como muy bien expresa H. Küng:

> *"El lenguaje científico y el lenguaje religioso son tan poco comparables entre sí como el lenguaje científico y el poético. Lo cual quiere decir que la teoría del big-bang y la fe en Dios creador, la teoría de la evolución y la creación del ser humano, no se contradicen mutuamente, aunque tampoco pueden ser armonizadas entre sí"[92].*

Aparte de las diferentes relaciones que se puedan establecer entre lo que dice la ciencia y lo que dice la Biblia, que veremos después, lo cierto es que la función de la ciencia no es demostrar la existencia de Dios, como tampoco la Biblia tiene que poner de relieve unos hechos científicamente demostrables, sino tratar de lo que es importante para la fe y la vida. La ciencia se plantea varias preguntas fundamentales en torno al origen del universo, especialmente las dos siguientes: ¿por qué existe el universo en lugar de la nada? y ¿por qué es el universo tal como es? Si en la Edad Media se preguntaba sobre todo por la finalidad de las cosas, hoy se pregunta más por la causa de esas cosas y por qué son así. Por eso, no es de extrañar que no sea ésta la imagen de la creación que la ciencia nos ofrece en la actualidad.

---

[92] KÜNG, H., *El principio de todas las cosas. Ciencia y religión*, Trotta, Madrid 2007, 122.

Curiosamente, fue un canónigo católico, N. Copérnico (1473-1543), quien propuso por vez primera un modelo heliocéntrico del universo, en lugar del tradicional modelo geocéntrico[93]. Este modelo, revolucionario para su época, fue confirmado y corregido por otro teólogo protestante, J. Kepler (1571-1630), que demostró que las órbitas de los planetas alrededor del sol no son circulares sino elípticas, sin excluir por ello la fe en el Dios creador. La mayor amenaza para la teoría bíblica se produjo con los descubrimientos de G. Galilei (1564-1642), que se convierte así en uno de los fundadores de la ciencia moderna. Como es bien sabido, Galileo Galilei pretendía compaginar lo que él llamaba "el libro de la naturaleza" escrito en el lenguaje de la matemática, con el "libro de la Biblia", y proponía que en caso de contradicción habría que reinterpretar la Biblia. Su doctrina le llevó a la condenación por la Inquisición en 1632, especialmente por violar la prohibición de defender el heliocentrismo impuesta en 1616. Posteriormente, como buen católico, abjuró de su "error" el 22 de junio de 1633.

El conflicto de Galileo con la Iglesia fue el comienzo claro de un enfrentamiento entre ciencia y religión, que se fue haciendo cada vez más fuerte con el paso de los años y que, por desgracia, aun perdura en alguno de los temas en estudio. No obstante lo anterior, unos pocos años después Isaac Newton (1643-1727) formuló su conocida "ley de la gravedad" que, aplicada a los cuerpos celestes, supuso un convincente sistema del universo expuesto en leyes matemáticamente exactas. Con ello, Newton se convirtió en el segundo fundador de la ciencia exacta y en el iniciador de la física teórica clásica.

Tuvo que llegar el siglo XX para que A. Einstein (1879-1955) propusiera su teoría general de la relatividad (1914-1916),

---

[93] Cf. COPÉRNICO, N., *Sobre las revoluciones de los orbes celestes*, Tecnos, Madrid 1987.

elevando la velocidad de la luz a una constante natural absoluta e inmutable, proponiendo una nueva magnitud física, el espacio-tiempo, y demostrando que la fuerza de la gravedad es la curvatura del espacio-tiempo originada por las masas en él contenidas. La predicción de Einstein de que la luz de cuerpos celestes muy distantes sufre una curvatura a su paso por una estrella de gran masa como el sol, fue confirmada durante el eclipse solar de mayo de 1919. Ello llevó a pensar el espacio como algo ilimitado, aunque su volumen fuera finito. Surgió así una concepción dinámica del universo.

De nuevo curiosamente, fue un teólogo, G. Lemaître (1894-1966), quien desarrolló un modelo del universo en expansión y propuso por vez primera la hipótesis de una explosión inicial, conocida después como el *"big-bang"*. Lemaître se doctoró en Física y Matemáticas en 1920 y en 1923 recibió las órdenes sagradas. Su condición de sacerdote no fue obstáculo para su carrera científica que continuó el curso 1923-24 en Cambridge como alumno de A. Eddington quien le enseñó a conjugar la teoría de la relatividad con la astronomía[94]. Ambos científicos entendían la ciencia y la religión como dos caminos para llegar a la verdad, por lo que pronto simpatizaron.

De regreso a su Bélgica natal, en 1927 escribió un artículo en el que establecía que cuanto más lejos se encontraba una galaxia, de las 42 que conocía, con mayor velocidad se alejaba. De esta manera, asociaba la separación de las galaxias con la expansión del universo. Por desgracia, este trabajo pasó desapercibido hasta que en 1931, como consecuencia de una conferencia dada por su maestro Eddington, Lemaître reformuló su modelo cosmológico completándolo con lo que sabía de

---

[94] Para una visión más completa de la obra de Lemaître, puede consultarse: RIAZA, E., *La historia del comienzo. Lemaître, padre del big-bang,* Encuentro, Madrid 2010; y LAMBERT, D., *Ciencia y fe en el Padre del Big Bang, Georges Lemaître,* Fliedner, Madrid 2014.

Física cuántica, proponiendo su teoría del "átomo primitivo" según la cual el universo comenzó en un punto donde las leyes físicas perdían todo su sentido, el que universo entraba en expansión y el espacio se llenaba con la desintegración de un átomo primitivo. En un programa de radio de la BBC, F. Hoyle, representante de la teoría del estado estacionario, llamó despectivamente el modelo de Lemaître como el "gran pum" o, lo que es lo mismo, el *"Big Bang"*. Muchos científicos, entre ellos Einstein, rechazaron esta teoría como tendenciosa, y algunos incluso acusaron a Lemaître de lo contrario a Galileo: pretender introducir en la ciencia la creación divina.

Ya en 1923-24, E. Hubble había determinado la distancia de la nebulosa Andrómeda a la Tierra, demostrando por vez primera la existencia de cuerpos celestes fuera de la Vía Láctea. En 1929, el mismo Hubble observó algo enormemente novedoso: el desplazamiento hacia el rojo de la luz emitida por estrellas muy distantes (el llamado "efecto Hubble"), lo cual fue interpretado como que el universo entero se encuentra en fase de expansión. ¿Desde cuando? No puede ser desde un tiempo infinito sino que tuvo que haber un principio: la gran explosión. En 1932, Lemaître volvió a Estados Unidos, donde se encontró con Eddington, Einstein y Hubble, quedando aceptada su teoría cosmológica. Sólo unos días antes de morir, le comunicaron la confirmación definitiva de su teoría: Penzias y Wilson[95], habían descubierto una radiación de fondo de microondas cósmicas, rastro fósil de la gran explosión con que comenzó nuestro universo.

Gracias a todos estos descubrimientos, los astrofísicos proponen hoy la siguiente teoría para explicar el principio del

---

[95] PENZIAS, A. A. and WILSON, R. W., A measurement of excess antenna temperature at 4080 Mc/s, *Astrophys. J. Lett.* 142 (1965) 419-421; PENZIAS, A. A. and WILSON, R. W., A measurement of the flux density of CAS A at 4080 Mc/s, *Astrophys. J. Lett.* 142 (1965) 1149-1154.

cosmos. Al comienzo, toda la energía y toda la materia estaban condensadas en una "bola de fuego", infinitesimalmente pequeña e infinitamente densa y caliente. Fue el momento de la gran explosión o explosión inicial, el *"big bang"*, así como del inicio del tiempo hace unos trece mil setecientos millones de años. Apenas tenemos idea de lo que ocurrió antes de los 10^{-43} segundos, el llamado "tiempo de Planck", cuando el tamaño del universo era de 10^{-33} cm., dimensión que se conoce también como "tamaño de Planck". Estas dos dimensiones forman el límite inferior del comportamiento normal del espacio-tiempo y de las leyes de la física. Por debajo de ellas no se cumplen las leyes normales de la física, por lo que no podemos conocer nada de su comportamiento. En estas condiciones, la temperatura era de 10^{32} grados. Una centésima de segundo después la temperatura había bajado fuertemente, pero era todavía de 10^{11} grados y su densidad había descendido a 4×10^{9} veces la del agua. Un segundo después del *"big bang"* la temperatura habría descendido unos diez mil millones de grados, o sea, unas mil veces la temperatura del centro del sol. Durante los primeros segundos debieron formarse unas pesadas partículas elementales, especialmente protones y electrones, así como sus antipartículas y otras partículas más ligeras como electrones y positrones.

Alrededor de cien segundos, la temperatura habría descendido a mil millones de grados, que es la temperatura del interior de las estrellas más calientes. En esas condiciones se pudieron producir los núcleos de deuterio, que posteriormente dieron lugar a los de helio. Tuvieron que pasar cientos de miles de años para que, mediante la captación de electrones, aparecieran los átomos de helio y de hidrógeno. Después, durante los siguientes millones de años, el universo habría continuado expandiéndose, y la fuerza de la gravedad hizo que el gas se condensara en grumos de materia hasta formar las galaxias, unos cien mil millones de "vías lácteas", cada una formada a su vez por más de diez mil millones de estrellas. Los detalles de cómo ocurrió todo este proceso son aun poco conocidos. Mejor se sabe cómo se formaron las estrellas: por condensación de las nubes de gas colapsadas por su propio peso. Estas estrellas contienen ya también carbono, oxígeno y nitrógeno. Con el tiempo, algunas de estas estrellas explotaron, originando masivas nubes de gas, que vuelven a condensarse para formar estrellas "de segunda generación". Sólo al alcanzar el universo la edad de unos diez mil millones de años se pudo formar nuestro Sol, que condensa la materia en planetas y unos dos mil millones de años más tarde aparecieron en nuestro planeta las primeras formas microscópicas de vida. Hace unos mil millones de años aparecieron las algas como primeras células eucarióticas; hace unos quinientos millones, lo hicieron los peces; unos doscientos millones, los mamíferos, y sólo hace unos cuatro millones de años, es decir, después de cerca de catorce mil millones de años del *big bang*, aparecieron los primeros ejemplares del género *Homo*.

Como hemos indicado anteriormente, hubo que esperar varios años hasta que los trabajos de Penzias y Wilson refrendaran este modelo estándar, con el descubrimiento de lo que se suele llamar un resto fósil del gran estallido inicial. Sin embargo, se ha demostrado que la radiación de fondo es prácticamente igual en todo el universo, lo cual sólo podría explicarse porque todas las regiones del universo estuvieran juntas, en equilibrio, en los momentos iniciales. Dado el tamaño del universo que conocemos (unos cuarenta y seis mil millones de años luz), y la antigüedad del mismo (unos trece mil setecientos millones de años), parece difícil aceptar que todas sus regiones estaban en contacto al comienzo. Este problema, conocido como el "problema del horizonte", ha sido resuelto mediante la "teoría inflacionaria", un añadido a la teoría inicial del *"big bang"* que postula que el universo sufrió una enorme expansión al poco tiempo de nacer pero que, al irse enfriando, sufrió una especie de "transición de fase" cambiando su aspecto y produciendo la separación de las fuerzas fundamentales: gravitatoria, nuclear fuerte, nuclear débil y electromagnética. Aunque esta teoría está todavía en discusión, ha recibido un fuerte espaldarazo con los trabajos del grupo de J. M. Kovac[96], del Centro de Astrofísica de Harvard, que ha medido patrones espirales de polarización en la luz de radiación de fondo de microondas, algo que se considera incuestionable de su relación con las ondas gravitacionales que resultaron amplificadas durante el periodo inflacionario. Se trata de un trabajo que, como en el caso del bosón de Higgs, la Física llevaba mucho tiempo esperando. El descubrimiento de una señal inequívoca de ondas gravitacionales por parte del telescopio Bicep2, situado en el Polo Sur, nos da acceso al eco del proceso inflacionario ocurrido después del *"big bang"* que dio origen a nuestro universo.

c) Relación entre creación y origen del universo

Llegado este punto, parece necesario preguntarnos cómo relacionar estos dos conceptos. Esta pregunta forma parte de otra mucho más amplia: ¿Cómo relacionar la teología con la ciencia? No es éste el lugar para hacer amplias consideraciones sobre un tema que está dando lugar a un número muy elevado de obras. Sólo en Estados Unidos, este número se triplicó desde la década de mil novecientos cincuenta a mil novecientos noventa, llegando en la actualidad a más de tres centenares de obras.

---

[96] ADE, P. A. R. y 46 autores más, BICEP2 I: Detection Of B-mode Polarization at Degree Angular Scales, *Phys. Rev. Lett.* 112 (2014) 241101-241126.

El Prof. J. Sánchez Cañizares, comentando los trabajos de Kovac, escribe:

"La ciencia siempre se ocupa del cómo de las transformaciones materiales, teniendo entre sus presupuestos la existencia de algo. La creación describe el misterio de la existencia de aquello que no tendría por qué existir. No obstante, no está de más añadir que entre el modelo del big bang y el misterio de la creación hay una compatibilidad bastante notable"[97]

El propio Papa Francisco, en su discurso a la Pontificia Academia de Ciencias el 27 de Octubre de 2014 decía:

"Cuando leemos en el Génesis el pasaje de la Creación corremos el riesgo de imaginar que Dios haya sido un mago, con una varita mágica capaz de hacer todas las cosas. No es así... El ha creado a los seres y los ha dejado desarrollar según las leyes internas para que llegaran a la propia plenitud... Él ha dado la autonomía a los seres humanos del universo al mismo tiempo en el que les ha asegurado su presencia continua, dando el ser a cada realidad... Dios no es un demiurgo o un mago, sino el creador que da el ser a todos los entes... El big-bang, que hoy se pone en el origen del mundo, no contradice la intervención creadora divina sino que la requiere..."[98].

Sin embargo, partiendo de la base de que ambas son compañeras en el gran esfuerzo de la humanidad por comprender la realidad, vamos a considerar los cuatro tipos de relación que I.

---

[97] SÁNCHEZ CAÑIZARES, J., Noticias del big bang, *Palabra* 613 (2014) 58-61.
[98] PAPA FRANCISCO, Discurso a la Pontificia Academia de Ciencias, 27 de octubre de 2014.

G. Barbour ha propuesto: conflicto, independencia, diálogo e integración[99].

a) El <u>conflicto</u> ocurre cuando cualquiera de las dos disciplinas amenazan con hacer suyos los intereses legítimos de la otra. El desarrollo de la técnica y de las ciencias de la naturaleza está haciendo que parezca cada vez más viable la construcción autónoma del mundo. En este sentido, es de destacar el pensamiento de Feuerbach que propone la repulsa de la *creatio ex nihilo* y la consideración del hombre como constructor omnipotente de todo lo que lo rodea:

> *"Como la eternidad del mundo o de la materia no significa más que la sustancialidad de la materia, del mismo modo la creación del mundo de la nada no significa más que la nada del mundo. Con el principio de una cosa se pone también inmediatamente... el fin de la misma. El comienzo del mundo es el comienzo de su fin... La existencia del mundo es, por lo tanto, unas existencia momentánea, arbitraria e insegura, precisamente nada[100].*

Para el marxismo, la respuesta a la pregunta de donde procede la matera si se rechaza la *creatio ex nihilo* la tiene Engels:

> *"La vieja teología se ha ido al diablo; ahora está firmemente establecida la certidumbre de que la materia se mueve en su ciclo eterno... No hay nada eterno, de no ser la materia en eterno movimiento y transformación y las leyes según las cuales se mueve y se transforma"[101].*

---

[99] Cf. BARBOUR, I., *El encuentro entre religión y ciencia. ¿Rivales, desconocidas o compañeras de viaje?*, Sal Terrae, Santander 2004.
[100] FEUERBACH, L., *La esencia del cristianismo*, Sígueme, Salamanca 1975, 144.
[101] ENGELS, F., *Sobre la religión*, Sígueme, Salamanca 1974, 296-310.

Actualmente, los ejemplos más típicos de conflicto son el literalismo bíblico y el cientismo. Para el primero, los capítulos 1-2 del Génesis dan la explicación del origen del universo a la que habrá que atenerse el relato científico. Para el segundo, las únicas preguntas y respuestas en este tema son las que formula la ciencia, por lo que sobra todo discurso teológico.

Un ejemplo paradigmático del conflicto en el tema de la creación debido al literalismo bíblico lo tenemos en los llamados creacionistas científicos que defienden la verdad científica de una cronología bíblica. Ya en 1647, el arzobispo Ussher, primado de Irlanda, proponía que la creación ocurrió a las 9 de la mañana del 27 de octubre del año 4004 a. C. Otros autores comentan que la fecha calculada por el mismo obispo fue la madrugada del 23 de octubre del año 710 del calendario juliano, es decir, en el año 4000 a. C. Algunos de los creacionistas más modernos siguen manteniendo que la tierra es plana o que es el centro del universo. Otros más moderados aceptan el heliocentrismo pero rechazan los resultados de la física, de la química y de la astronomía, manteniendo una edad de la tierra entre 6000 y 10000 años, sin aceptar el "big bang".

En el campo opuesto, podemos citar a S. Hawking, cuya última obra[102] ha despertado un gran interés mediático y que sólo vamos a comentar ligeramente. Para Hawking, la ciencia moderna no deja lugar a la existencia de un Creador del universo. Este es comprensible porque está regido por leyes científicas, es decir, su comportamiento puede ser modelizado. Pero ¿cuáles son esas leyes o modelos? Las más fundamentales son las de la llamada teoría M:

---

[102] Cf. HAWKING, S. and MLODINOW, L., *El gran diseño*, Crítica, Barcelona 2010.

"La teoría más fundamental es la denominada teoría M. Nadie parece saber qué significa M, pero puede ser Maestra, Milagro o Misterio. Parece participar de las tres posibilidades… Tanto si la teoría M existe como una formulación única o como una red de teorías, conocemos algunas de sus propiedades. En primer lugar, el espacio-tiempo de la teoría M tiene once dimensiones en lugar de diez. Los teóricos de las cuerdas habían sospechado desde hacía tiempo que la predicción de diez dimensiones debería ser corregida"[103].

La aplicación de la teoría M permite a Hawking predecir la existencia de múltiples universos, sólo uno de los cuales corresponde al universo tal como hoy lo conocemos:

"Por lo tanto, las leyes de la teoría M permiten diferentes universos con leyes aparentes diferentes, según como esté curvado el espacio interno. La teoría M tiene soluciones que permiten muchos tipos de espacios internos, quizás hasta unos 10^{500}, lo cual significa que permitiría unos 10^{500} universos, cada uno con sus propias leyes… ¿A dónde nos conduce eso? Si la teoría M permite 10^{500} conjuntos de leyes aparentes, ¿cómo es que nos hallamos en este universo, con las leyes aparentes que conocemos? Y ¿qué pasa con los otros posibles universos?"[104].

Un dato importante para las nuevas cosmologías es que habría bastado un pequeño cambio en el valor de las constantes físicas para hacer de nuestro universo un lugar inhóspito, que necesita para mantenerse ciertos fenómenos de "ajuste fino"

---

[103] HAWKING, S.and MLODINOW, L., *o.c.*, 134-135.
[104] *Ibid.* 136.

como pueden ser la velocidad de expansión, la formación de los elementos y la reacción partículas/antipartículas. Esta idea de un universo finamente ajustado necesario para el desarrollo de la vida inteligente llevó a algunos cosmólogos a formular el "principio antrópico": lo que es de esperar que observemos ha de estar limitado por las condiciones necesarias para nuestra propia presencia como observadores[105].

Por otra parte, el descubrimiento del "ajuste fino" de muchas de las leyes de la naturaleza puede conducir a la idea de que ese gran diseño es la obra de algún diseñador. Pues bien, para tratar de desprestigiar la hipótesis del "diseño inteligente", tan extendida en Estados Unidos, con la idea implícita de que el Creador es Dios, Hawking propone lo siguiente:

"Mucha gente a lo largo de los siglos ha atribuido a Dios la belleza y la complejidad de la naturaleza que, en su tiempo, parecían no tener explicación científica. Pero así como Darwin y Wallace explicaron cómo el diseño aparentemente milagroso de las formas vivas podía aparecer sin la intervención de un Ser Supremo, el concepto de multiverso puede explicar el ajuste fino de las leyes físicas sin necesidad de un Creador benévolo que hiciera el universo para nuestro provecho"[106].

"No hace falta invocar a Dios para entender las ecuaciones y poner el universo en marcha. Por eso hay algo en lugar de nada, por eso existimos"[107].

De esta manera, Hawking corrobora lo que había escrito unos años antes:

---

[105] CARR, B. J. and REES, M. J., The anthropic principle and the structure of the physical world, *Nature* 278 (1979) 605-612.

[106] HAWKING, S. and MLODINOW, L., *o.c.*, 187.

[107] *Ibid.*, 204.

"No obstante, si descubrimos una teoría completa, con el tiempo habrá que ser, en sus líneas maestras, comprensible para todos y no únicamente para unos pocos científicos. Entonces todos, filósofos, científicos y la gente corriente, seremos capaces de tomar parte en la discusión de por qué existe el universo y por qué existimos nosotros. Si encontrásemos una respuesta a esto, sería el triunfo definitivo de la razón humana, porque entonces conoceríamos el pensamiento de Dios"[108].

Pero, ¿qué ha cambiado desde entonces a hoy? ¿Acaso ha descubierto ya la teoría del todo con la soñaba él y otros muchos científicos? Nada de esto ha ocurrido. Después de Hawking o a pesar de Hawking, Dios queda donde siempre.

b) La <u>independencia</u> significa que la ciencia y la teología son dos ámbitos de investigación completamente separados, con libertad para seguir su propio camino. Con frecuencia esta relación se traduce en que la ciencia se pregunta el ¿cómo? y la teología el ¿por qué? Los defensores de la tesis de la independencia sostienen que las preguntas que plantea el astrónomo son muy distintas de las que se formula el teólogo. El significado religioso de la creación y la función de los relatos de la creación en la vida humana no guardan ninguna relación con las teorías científicas sobre sucesos físicos ocurridos en un pasado ya lejano.

"Los argumentos que se pueden ofrecer a favor del modelo de la independencia son sólidos: puesto que ve los dos campos como empresas separadas e

---

[108] HAWKING, S. W., *Historia del tiempo. Del big bang a los agujeros negros*, Círculo de Lectores, Barcelona 1988, 264.

independientes, previene toda posibilidad de conflicto entre ellos"[109].

Como respuesta al creacionismo, la Academia Nacional de Ciencias de Estados Unidos publicó un folleto resaltando que la ciencia y la religión no tienen nada que ver la una con la otra:

"La religión y la ciencia son ámbitos separados y mutuamente excluyentes del pensamiento humano; su presentación conjunta en un mismo contexto conduce a una comprensión equivocada tanto de las teorías científicas como de las creencias religiosas"[110].

El paleontólogo S. J. Gould[111] describe la ciencia y la religión como ámbitos independientes con el término "magisterios no solapables" y el acrónimo NOMA (del inglés *non overlaping magisteria*). Para Gould, el magisterio de la ciencia abarca el ámbito de lo empírico: de qué se compone el universo (hechos) y por qué funciona de la manera que lo hace (teoría), mientras que el magisterio de la religión abarca las cuestiones del sentido último y de valoración moral. Se trata, pues, de dos magisterios que no se solapan ni se superponen.

También la independencia entre ciencia y religión puede defenderse desde un punto de vista teológico. Según la neo-ortodoxia protestante, principalmente representada por K. Barth, la doctrina de la creación no es una teoría sobre el origen del mundo o sobre los procesos naturales sino una afirmación de la dependencia del mundo respecto de Dios. La religión se basa en la fe como respuesta del hombre a Dios que se revela en la historia, no en la naturaleza. La ciencia se basa en la observación

---

[109] BARBOUR, I., *o. c.*, 85.

[110] PRESS, F., *Science and Creationism:A View from the National Academy of Sciences*, National Academy Press, Washington 1984, 6.

[111] Cf. GOULD, S. J., *Ciencia versus religión: un falso conflicto*, Crítica, Barcelona 2000.

y en la razón humana, mientras que la religión se fundamenta en la revelación divina.

c) El <u>diálogo</u> consiste en el reconocimiento de que la ciencia y la teología tienen algo que decirse una a otra sobre aquellos fenómenos en los que las dos están interesadas. Estos temas son fundamentalmente la inteligibilidad y la contingencia del universo. Sobre el primero, los físicos están pendientes de encontrar una teoría unificada con la convicción de que el universo es ordenado, simple y racionalmente inteligible. Puesto que Dios es racional, el mundo está ordenado; pero, dado que además es libre, el mundo podría haber tenido un orden distinto del que presenta. A. Einstein hablaba de un sentido de religiosidad cósmica y de una profunda fe en la racionalidad del mundo, rechazando la idea de un Dios personal cuyas acciones pudieran interferir arbitrariamente en el curso de los acontecimientos[112]. Para A. Peacocke:

"la ciencia busca inteligibilidad intelectual (conocer desde los fundamentos y dar desde ahí a todo una significación congruente)... Pero la teología no se contenta con esto y busca además desde la urgencia existencial de reposar hallando un sentido en la dinámica del universo... La filosofía construida desde la ciencia puede dotar al universo de una inteligibilidad sin Dios, autónoma, agnóstica o atea. Pero su esfuerzo se orientará a mostrar que ese mismo universo descrito por la ciencia se ilumina también de congruencia e inteligibilidad desde la idea de Dios presente en los modelos religiosos, y en especial desde el cristianismo"[113].

---

[112] Cf. EINSTEIN, A., *Mis ideas y opiniones*, Antoni Bosch, Barcelona 1980.

[113] PEACOCKE, A., *Los caminos de la ciencia hacia Dios. El final de toda exploración*, Sal Terrae, Santander 2008, 38.

Por su parte, J. Polkinghorne examina la inteligibilidad desde un marco teísta. Para él, si el mundo es obra de una Mente, la correspondencia entre la razón de nuestras mentes y la razón del mundo no tiene nada que extrañar. Por lo tanto, el teísta está en condiciones de explicar la inteligibilidad mientras que el científico no tiene más remedio que darla por supuesta.

En cuanto a la contingencia del universo, los detalles de las distintas cosmologías científicas son irrelevantes para explicarla. Aun cuando alguna teoría llegara a demostrar que sólo hay un mundo posible, éste no dejaría de ser meramente posible: la teoría no podría garantizar su existencia fáctica. Hace años, S. Hawking escribía:

"Incluso si hay una sola teoría unificada posible, se trata únicamente de un conjunto de reglas y de ecuaciones. ¿Qué es lo que insufla fuego en las ecuaciones y crea un universo que puede ser descrito por ellas? El método usual de la ciencia de construir un modelo matemático no puede responder a las preguntas de por qué debe haber un universo que sea descrito por el modelo"[114].

Incluso si se encontrara una teoría unificada, también sería contingente, lo que sólo haría llevar la argumentación a un paso más atrás. La vida y la conciencia no violan las leyes de la física, pero no pueden ser explicadas por medio de ellas. La teoría unificada no debe considerarse como la "teoría del todo" porque que no nos puede explicar muchos aspectos de lo que es un ser vivo, desde el más simple de ellos hasta el propio hombre.

<hr>

[114] HAWKING, S. W., *Historia del tiempo. Del big bang a los agujeros negros*, Círculo de Lectores, Barcelona 1988, 263.

d) La <u>integración</u> defiende la unificación de la ciencia y la teología en un discurso único, al tipo de los escritos de Teilhard de Chardin. Según I. Barbour, existen tres versiones distintas de la integración:

"En la teología natural, se insiste en que la existencia de Dios puede ser inferida a partir de los indicios de diseño que manifiesta la naturaleza y de los que la ciencia nos ayuda a tomar conciencia. En la teología de la naturaleza, las fuentes principales de la teología no se encuentran en la ciencia, pero las teorías científicas pueden influir de manera considerable en la reformulación de determinadas doctrinas, muy especialmente en la doctrina de la creación y la antropología teológica. En la síntesis sistemática, tanto la ciencia como la religión contribuyen al desarrollo de una metafísica inclusiva, como la que ofrece la filosofía del proceso"[115].

Uno de los primeros defensores de la teología natural fue Tomás de Aquino, para quien la existencia de Dios puede demostrarse por la existencia de un "diseño" en la naturaleza, por lo cual Dios puede ser accesible a la razón humana, aunque no sus atributos. Como todo suceso debe tener una causa, se postuló que Dios sería la "Causa Primera" de quien necesariamente depende todo. El argumento del diseño fue rebatido por el filósofo David Hume (1711-1776) para quien el principio organizador puede existir dentro de los mismos organismos y no fuera de ellos, de tal manera que podría existir un dios finito o múltiples dioses. A pesar de este ataque, William Paley (1743-1805) propuso su "analogía del reloj y el relojero": si alguien encuentra un reloj es porque ha tenido que ser

---

[115] BARBOUR, I., *o. c.*, 53.

diseñado por un relojero, teoría que tuvo muchos adeptos... y los continúa teniendo. Sin embargo, Darwin la refutó al proponer que Dios no diseña los detalles particulares de cada especie, sino que este diseño viene dado por las leyes de la naturaleza que rigen la evolución biológica.

En general, los defensores de la integración defienden que entre las creencias religiosas y las teorías científicas se puede establecer una relación más estrecha que la del simple diálogo. Así, el principio antrópico podría ser interpretado como una nueva versión de la teología natural con la cosmología como punto de partida. Sin embargo, este principio resulta más coherente con una teología de la naturaleza en la que la fe en Dios se apoya en otras razones. De este modo, la teología de la naturaleza viene representada por los modelos de Dios Creador que incorporan reformulaciones teológicas inspiradas en la cosmología contemporánea. Así, A. Peacocke propone reformular las creencias tradicionales como consecuencia del diálogo con la ciencia actual. Para este autor, Dios crea en y a través de los procesos del mundo natural que la ciencia nos va descubriendo, actuando como "causa de arriba abajo".

Por último, algunos autores utilizan los conceptos de la filosofía del proceso como vía de integración de ideas científicas y religiosas. Para ellos, Dios es a la vez fuente de orden y de novedad: propone nuevas posibilidades a las entidades del universo y suscita la respuesta de éstas, pero dejando abiertas varias alternativas, sin coaccionar, por lo que Dios aparece no como un gobernante omnipotente sino como el inspirador de una comunidad de seres independientes.

En resumen, tal como hemos descrito, ninguna de las posibles relaciones entre la ciencia y la religión nos sirven para demostrar inexorablemente que Dios es el autor de la *creatio ex nihilo* del universo… pero tampoco nos sirve para lo contrario. Dios no entra propiamente en el horizonte de la ciencia y, por eso, la ciencia no puede pronunciarse al respecto. Dios no sirve para "explicar" científicamente nada en el orden de lo material, ni el origen del universo, ni el calentamiento global, etc. Pero tampoco la ciencia puede "explicar" por qué existe lo que hay y si tiene algún sentido para nosotros. Dios seguirá siendo siempre un misterio. Por otra parte, volviendo al trabajo de Venter que estamos comentando, en sentido estricto no podemos decir que ha habido una *creatio ex nihilo* de una nueva vida como el autor ha pretendido hacernos creer. No ha habido creación de vida. A partir de una especie de ser vivo se ha logrado otra especie distinta, pero utilizando como base la vida ya existente en la célula que ha sido modificada.

No obstante lo dicho, muchas personas claman por la supresión de este tipo de investigación ya que supone una intromisión del hombre en un terreno destinado sólo a Dios. "Jugar a ser Dios" es la frase más repetida en este sentido, tomando como punto de partida lo expresado en Gn 3,5 a propósito del árbol prohibido en el jardín del Edén: "Bien sabe Dios que cuando comáis de él se os abrirán los ojos y seréis como Dios en el conocimiento del bien y del mal". Sin embargo, hay un nuevo aspecto muy importante que es necesario introducir: con independencia de las creencias religiosas, la ciencia nos demuestra que el universo está evolucionando y que la creación original no dio lugar a un universo estático, sino que nuestro universo evolutivo está marcado por la continua emergencia de nuevas realidades.

4.2.- La "creatio continua"

La publicación en 1859 del libro de Darwin *"El origen de las especies"* representó el comienzo de una nueva era en la comprensión del universo y de nuestro propio ser. Desde los tiempos de Copérnico y de Newton, se aceptaba que el universo obedece a unas leyes naturales que explican tanto el movimiento de los planetas como los fenómenos físicos de los que tenemos una cierta experiencia. Charles Darwin (1809-1882) estudió medicina y teología, dedicándose posteriormente a las ciencias de la naturaleza. Al principio, Darwin estuvo bajo la influencia del teólogo W. Paley (1743-1805) que creía que la adaptación de los seres vivos a sus entornos demostraba la existencia de un arquitecto natural, Dios. La vuelta al mundo que realizó Darwin en el buque *"Beagle"* durante cinco años (1831-1836), representó el punto de inflexión en su vida. Fruto de ese viaje fue la teoría de la evolución de las especies, basada en la variación y en la selección de las especies.

La idea de la <u>variación</u> supone que las especies animales y vegetales pueden modificarse a lo largo del tiempo y que no son inmutables. Eso significa que no han sido creadas por separado como se dice en la Biblia, sino que una especie deriva de otra especie preexistente. Por entonces, el monje agustino George Mendel (1822-1884) propuso sus célebres leyes de la herencia, según las cuales, las variaciones hereditarias ocurren por mutaciones.

La idea de la <u>selección</u> indica que existe una lucha por la existencia entre las especies, lo cual origina una selección natural: sobre sobreviven las más fuertes o las mejor adaptadas. Las más débiles o peor adaptadas son eliminadas. De esta forma, a lo largo de millones de años la naturaleza ha evolucionado sin seguir ningún plan preestablecido: de las formas de vida más sencillas se originan otras cada vez más complejas, diferentes en forma, tamaño, fuerza, etc.

De esta forma, Darwin propuso que la vida biológica se rige por unas normas naturales, por lo que el origen de las especies e incluso el origen del ser humano podían comenzar a ser explicados por un proceso ordenado de cambio regido por leyes que la ciencia puede formular y describir. Había nacido la teoría de la evolución.

> *"El impacto evolucionista puede compararse con la revolución copernicana; si con ésta caduca el geocentrismo, con Darwin parece acabar el antropocentrismo; el hombre queda reducido a la categoría de eslabón en una cadena de fenómenos biológicos fabulosamente antiguos. Con el evolucionismo, el mundo y los seres en él contenidos se ponen en movimiento; ya no es posible pensar el universo como una magnitud estática que, construida una vez, persiste en la existencia sin que nada nuevo ocurra. Muy al contrario, el mundo y lo mundano es una corriente dinámica, un devenir; todo se relaciona con todo a través de una tupida red de conexiones mutuas"*[116].

Las Iglesias tardaron bastante tiempo en dejar de luchar contra la evolución o en ignorarla. A este respecto, fue famosa la conversación mantenida entre el obispo anglicano S. Wilber-Force y el fisiólogo T. Huxley: el obispo preguntó al fisiólogo por parte de quien creía él proceder del mono, si por parte de su

---

[116] RUIZ DE LA PEÑA, J. L., *Teología de la creación*, Sal Terrae, Santander 1988, 109-110.

abuelo o de su abuela, a lo que Huxley respondió que prefería tener como antepasado a un mono que a un obispo que se negara a aceptar la verdad.

Y es que, según la mayoría de sus antiguos puntos doctrinales, la creación fue un acto momentáneo de Dios en el principio, que originó el universo entero y todo cuanto hay en él. Sin embargo, el descanso del séptimo día de la creación no puede significar que Dios ya no sigue activo sino únicamente que no sigue creando nuevas especies de criaturas. Pero su obra necesita claramente una continuación en la medida en que las criaturas están dependiendo de que Dios las conserve y las gobierne. Este pensamiento agustiniano se transmitió a la Escolástica latina medieval. Desde A. Calov, la doctrina de la providencia se ha subdividido de modo que además de la conservación de las criaturas comprende también el concurso de Dios en su actuación. La doctrina del concurso divino en las actividades de las criaturas supone, por una parte, que las criaturas no dependen sólo de sí mismas en sus actividades y, por otra, que el influjo de Dios en ellas no excluye su autonomía. La existencia autónoma de las criaturas responde a la actuación conservadora de Dios. Pero el concurso de Dios en la actuación de las criaturas no ha de implicar la supresión de su autonomía como principio de sus actos.

La Iglesia católica reaccionó ante Darwin de modo semejante a cómo lo hizo frente a Galileo, con nuevas acciones de represión e inquisición. Sólo a partir de la segunda mitad del siglo XX comenzó Roma a ceder un poco ante los resultados de la ciencia, aunque sin renunciar a la creación directa de cada alma humana por Dios ni al origen de toda la humanidad a partir de una única pareja (monogenismo). Algo similar ocurrió con la iglesia protestante, especialmente con el fundamentalismo creacionista extendido en los Estados Unidos. Según una encuesta del centro Gallup hecha en febrero de 2001, el 45% de los adultos estadounidenses creen que Dios creó al ser humano en forma muy parecida a que hoy tiene hace unos diez mil años[117].

La evidencia científica del proceso evolutivo hizo que muchas creencias, tanto científicas como teológicas, tuvieran que revisarse profundamente. Así, el discurso cristiano sobre la creación se ha enriquecido con el concepto de *creatio continua*, una creación que se va desplegando a lo largo de la historia cósmica. Se trata de otra modalidad de creación, de otro modo divino de dar el ser a las cosas. La Escritura atestigua ampliamente que Dios quiere conservar el mundo que ha creado, incluyendo sobre todo el cuidado que a cada una de las criaturas le dispensa en el tiempo oportuno. En el Catecismo de la Iglesia Católica se nos recuerda que Dios crea por sabiduría y por amor un mundo ordenado y bueno, pero que es infinitamente más grande que todas sus obras, porque es la causa primera de todo lo que existe y está presente en lo más íntimo de sus criaturas: "en él vivimos, nos movemos y existimos" (Hch 17,28). Realizada la creación, Dios no abandona a sus criaturas, sino que las mantiene en cada instante en el ser, les da el obrar y las lleva a su término.

Nuestro universo evolutivo está marcado por la lenta pero constante emergencia de nuevas realidades. Lo nuevo no se puede deducir de lo antiguo. Lo inicial no contiene necesariamente lo más reciente. La creación evolutiva no está terminada desde el principio; está aun emergiendo. Como muy bien ha señalado A. Peacocke:

---

[117] Citado por KÜNG, H., *o. c.*, 101.

"Esta visión nos compele, hoy más que nunca, a considerar a Dios implicado en una creación continua, a entenderlo como Creador eterno, ya que no cesa de conferir existencia a procesos inherentemente creativos y generadores de formas nuevas"[118].

De forma más o menos semejante se expresa I. Barbour:

"Dios ha dotado a las cosas del mundo con potencialidades creadoras que se van revelando sucesivamente, aunque sólo se actualizan cuando se dan las condiciones adecuadas. Los sucesos no acontecen según un plan predeterminado, sino con impredecible novedad. Dios experimenta e improvisa, en un proceso siempre abierto de creación continua"[119].

Si tratamos de examinar la relación entre evolución y religión en base a los cuatro tipos de relación entre ciencia y religión que Barbour ha propuesto podríamos encontrarnos con el siguiente panorama resumido:

a) <u>Conflicto</u>. Esta tesis es defendida, desde extremos opuestos, por los naturalistas evolutivos y por los críticos teístas del neodarwinismo. Ambas posturas afirman que no se puede aceptar el neodarwinismo y creer al mismo tiempo en el Dios del teísmo. Entre los defensores del materialismo evolucionista, destacan R. Dawkins y D. Dennet. El primero de ellos, un biólogo nacido en 1941, se ha convertido en un fenómeno mediático mediante sus conocidos libros de divulgación en los que hace una crítica feroz a la religión[120]. En el primero de sus

---

[118] PEACOCKE, A., *o. c.*, 120.
[119] BARBOUR, I. G., *o. c.*, 168.
[120] A modo de ejemplo, pueden verse: DAWKINS, R., *El gen egoísta*, Labor, Cerdanyola 1979, donde propone un claro reduccionismo genético; *El relojero ciego*, Labor, Cerdanyola 1989, en el que asegura que la historia evolutiva

libros citados, Dawkins establece que son los genes y no los individuos los agentes responsables de la evolución, al producir uno o varios efectos distintos. La idea de egoísmo se refiere a que la probabilidad de que un gen prospere depende de su capacidad de adecuación al medio, de tal modo que aquellos genes que representan ventajas reproductivas tenderán a ser heredados por un número cada vez mayor de individuos. Como colofón de la obra, Dawkins acuña el concepto de "meme" como agente responsable de la transmisión cultural en el ser humano, análogo al concepto de gen, y por lo tanto, sujeto a las mismas reglas básicas de la evolución (el egoísmo entre ellas).

En su obra "El relojero ciego" trata de refutar las ideas del teólogo W. Paley, según el cual la vida es creada por Dios debido a su complejidad y perfección, tomando como ejemplo el funcionamiento del ojo humano. Sin embargo, Dawkins demuestra que la vida, aunque complicada, no es perfecta. El propio ojo humano contiene una falta de eficiencia debida a la orientación de las células fotosensibles. Por otro lado la consecución de la complejidad se puede conseguir mediante la acumulación progresiva de pequeñas modificaciones. Por eso, lo mismo que el perfecto mecanismo de un reloj es creado por un relojero, la vida es creada por un creador... que es ciego, dado los numerosos casos de imperfecciones que existen en la naturaleza. Además, añade, ¿qué sentido tiene que un mismo Dios diseñe un guepardo, especializado en matar gacelas, y una gacela, preparada para escarpar del guepardo? Estos y otros casos semejantes son una demostración de que la evolución puede producirse sin que exista ninguna finalidad ni ningún diseño inteligente. En resumen, para este autor, el darwinismo puede explicar perfectamente cómo ha surgido la complejidad en el mundo biológico (uno de los argumentos teístas); por tanto,

---

carece de sentido alguno; y, especialmente, *El espejismo de Dios*, Espasa, Pozuelo de Alarcón 2007, donde defiende que el darwinismo elimina toda la racionalidad de la creencia en Dios.

Dios es una hipótesis innecesaria: el mundo de explica por sí mismo y Dios no existe.

Por otra parte, el filósofo D. Dennet, a partir de la teoría de probabilidades y de las simulaciones por ordenador, afirma que la evolución es el producto de un proceso sin sentido y rechaza toda forma de diseño aunque no llega a clarificar completamente su idea de diseño. Como Dawkins, Dennet funde la ciencia de la evolución con una filosofía naturalista, llegando a proponer que la tesis de la evolución rechaza toda forma de teísmo. En su libro más conocido[121], Dennet rechaza toda idea de un diseño incluida la creencia de Darwin en que lo que ha de ser considerado como resultado de un diseño son las leyes de la evolución, no las especies individuales:

"¿En qué consiste el diseño?... ¿Y qué milagro lo causa? Ninguno. Ocurre porque sí, en la plenitud de los tiempos"[122].

En una entrevista publicada en "Der Spiegel" en 2005 consideraba que Darwin impugnó la necesidad de Dios con su teoría de la selección natural y que el papel de Dios ha quedado empequeñecido a lo largo de la historia, de manera que

"ya no tenemos a Dios como creador ni como legislador, sino a un Dios reducido al papel deslucido de un maestro de ceremonias. Cuando Dios es el maestro de ceremonias y no desempeña ningún papel más en el universo, se convierte en una suerte de disminuido, incapaz de intervenir en nada"[123].

---

[121] DENNET, D., *La peligrosa idea de Darwin. Evolución y significado de la vida*, Galaxia Gutenberg, Barcelona 1999.
[122] *Ibid.,* 520.
[123] Entrevista publicada en *Der Spiegel* el 26 de diciembre de 2005, citado por SEQUEIROS, L., *o. c.* 102-104.

Desde un punto de vista completamente contrario se expresan los críticos teístas del darwinismo, representados fundamentalmente por la llamada teoría del "diseño inteligente"[124], desarrollada en primer lugar, como hemos mencionado más arriba, por el reverendo W. Paley (1743-1805) que describió que si una persona se encuentra un instrumento muy complejo como un reloj, llegaría a la conclusión de que tuvo que haber un fabricante que lo hiciera, un relojero que diseño su utilización. Este argumento, llamado también teleológico, fue criticado por el filósofo D. Hume (1711-1776), pero volvió a resurgir a finales del siglo XX como una versión disimulada del creacionismo y defendida, sobre todo, por P. E. Johnson, M. J. Behe, W. A. Dembski y S. C. Meyer. Para Johnson, el conocimiento científico del mundo nos lleva a postular la existencia de un diseñador de la naturaleza. Ante la perfección del universo, se hace necesario creer científicamente en un diseñador máximo que es Dios o una inteligencia extraterrestre superior. Este profesor de Derecho acepta la microevolución como modificación de las especies ya existentes, pero no la macroevolución como formación de nuevas especies. Los críticos científicos de Johnson creen que exagera las deficiencias de la teoría darwinista mientras que sus críticos teológicos piensan que supone que el teísmo requiere creer que Dios interviene en los huecos que deja la explicación científica. Todo ello le lleva a coincidir con los defensores del materialismo evolucionista en que no se puede creer a la vez en Dios y en neodarwinismo.

Por su parte, el bioquímico M. Behe sostiene la idea de la "complejidad irreductible" basándose principalmente en el funcionamiento de los flagelos bacterianos, las cascadas bioquímicas de la coagulación sanguínea o los procesos

---

[124] Cf. AYALA, F. J., *Darwin y el diseño inteligente*, Mensajero, Bilbao 2009.

inmunitarios. Todos estos procesos son tan perfectos que no pueden ser resultado de una evolución gradual sino que necesitan la actuación de un diseñador inteligente[125]. Se trata de un sistema "del todo o nada": todo tiene que ser diseñado en su conjunto, de una sola vez, de manera que si fallara alguna de sus piezas, todo el proceso se colapsaría de inmediato. Por eso cree que el conjunto no pudo haber evolucionado por etapas sucesivas: no se puede aceptar el origen y la evolución de estos sistemas tan complejos mediante la selección natural:

> *"Un sistema de complejidad irreductible es imposible que surja directamente mediante ligeras modificaciones sucesivas de un sistema precursor, porque cualquier precursor de un sistema de ese tipo es por definición no funcional si le falta algún componente... En este terreno, la selección natural no tiene nada que hacer"[126].*

Los juicios científicos sobre Behe son, generalmente, muy críticos, lo mismo que las opiniones de los teólogos ya que, según estos, al descartar las explicaciones evolutivas, Behe no hace más que ofrecer una nueva versión del Dios tapa-agujeros.

Los defensores del "diseño inteligente" pretenden introducir explicaciones religiosas en la educación estadounidense, como una alternativa a la teoría de la evolución, sin incurrir en conflicto con la Constitución de USA que lo prohíbe. Sin embargo, en 2005 tuvo lugar un juicio contra la Junta Escolar del Distrito de Dover que quería imponer un libro creacionista en la escuela pública. La conclusión a la que se llegó en el juicio es que el "diseño inteligente" puede ser una teoría que pertenece al campo de las creencias, pero nunca al de las ciencias:

---

[125] Cf. BEHE, M., *La caja negra de Darwin: el reto de la bioquímica a la evolución*, Andrés Bello, Barcelona 2000.
[126] *Ibid.*, 39.

"El testimonio del Prof. Behe ante el tribunal quiere demostrar que el Diseño Inteligente para él es sólo un proyecto científico, empleando esta acepción como opuesta a lo religioso. Si embargo, tal reivindicación queda refutada por la evidencia de las pruebas presentadas en contra y aceptadas por el tribunal. La naturaleza religiosa del Diseño Inteligente salta a la vista porque implica la existencia y actuación de un diseñador sobrenatural"[127].

"El Diseño Inteligente está basado en la premisa de una falsa dicotomía: en la medida que la teoría evolucionista se desacredita, se confirma el Diseño Inteligente... El mismo argumento, denominado «dualismo artificial», lo utilizaron los creacionistas en los años 80 en el caso Malean para apoyar la «ciencia de la creación»"[128].

El citado juez concluye con la siguiente afirmación:

"Por consiguiente, encontramos que la declaración del Prof. Behe respecto a la complejidad irreducible ha sido refutada por documentos de investigación científica redactados y revisados por científicos y ha sido rechazada en general por la comunidad científica"[129]

Como muy bien expresa el Prof. L. Sequeiros:

"El argumento del Diseño Inteligente es muy débil porque puede formularse al contrario de cómo lo hacen sus seguidores, es decir, que hay mucha imperfección en el mundo y fallo en el diseño de los organismos y de los

---

[127] JONES III, J. E., *Caso Kitzmiller contra el Distrito Escolar de Dover*, 20 de diciembre de 2005, 25.
[128] *Ibid.*, 71.
[129] *Ibid.*, 78-79.

seres humanos... La imagen de Dios queda muy deteriorada al ser directamente culpable de los desarreglos y chapuzas que existen en la naturaleza"[130].

b) <u>Independencia</u>. Muchos autores católicos han defendido desde siempre que Dios, en cuanto Causa Primera, actúa a través de las causas segundas de las que se ocupa la ciencia. Para los defensores de la independencia, estas dos clases de causas actúan en niveles completamente diferentes. En su nivel, la explicación científica es completa y no necesita la actuación de Dios en algunas lagunas que pudieran existir. La causalidad primera busca responder a cuestiones distintas a las que se plantea el científico: Dios sustenta y emplea la secuencia natural en su conjunto. Entre los autores que defienden esta independencia podemos citar a W. Stoeger, para quien Dios actúa a través de las leyes de la naturaleza como ayuda para conseguir los fines deseados. Para este autor, hay tres convicciones importantes: a) debemos respetar tanto la integridad del orden creado como la integridad de la propia ciencia; b) hay que reconocer la trascendencia y la otreidad de Dios, ser eterno y misterio para nosotros, que no es una causa como las demás; c) la creación de las personas ocupa un puesto central entre los fines divinos, de tal manera de tal manera que Dios se puede servir de medios especiales para revelarse a los hombres. De modo semejante, el físico H. Van Till insiste en que la ciencia de la evolución es algo distinto del naturalismo filosófico y del teísmo cristiano. Van Till defiende la integridad del orden creado con una serie de potencialidades que serán actualizadas en su momento, sin necesidad de una nueva intervención divina. La naturaleza fue creada según una economía de desarrollo sin deficiencias que tuvieran que ser arregladas después. Sin embargo, la ausencia de estas lagunas no

---

[130] SEQUEIROS, L., *o. c.* 48-49.

implica que el mundo sea impermeable a la acción divina, como propone el deísmo, sino que Dios puede tener un incesante en el mantenimiento del orden natural.

c) <u>Diálogo</u>. La tesis del diálogo va más allá de la independencia proponiendo ciertos paralelismos conceptuales entre la teoría de la evolución y las doctrinas teológicas. Para no extendernos demasiado sólo citaremos los tres conceptos científicos para los que se ha intentado establecer analogías con la teología:

1.- <u>La complejidad y auto-organización</u>: las teorías de la complejidad sugieren que la acción de sistemas auto-organizativos puede contribuir a la aparición de niveles superiores de orden. Así, I. Prigogine propone que el desorden existente en un determinado nivel conduce a la aparición de un orden en un nivel superior. De esta manera, la formación de los sistemas auto-organizativos y auto-reproductores a nivel molecular pudo ser el primer paso hacia la aparición de la vida.

2.- <u>La comunicación de información</u>: cada sistema responde de manera selectiva cuando recibe y descodifica una determinada información genética. En los seres vivos, la información fluye desde los genes y hacia los genes. Por ejemplo, en la expresión del DNA en el embrión en crecimiento, el mensaje del DNA da lugar a una proteína determinada; es decir, el mensaje del DNA lleva a la estructura y a la función de las proteínas. Pero existen una serie de señales químicas de retroalimentación que controlan las diferentes posibilidades de desarrollo que contienen estos genes, de tal forma que a los genes se les transmite, a través de la selección natural, información sobre el propio medio. Por otra parte, en medios teológicos Polkinghorne sostiene que Dios actúa en la historia evolutiva comunicando información sin que se viole la ley de la conservación de la energía ni ninguna otra ley de la ciencia.

3.- <u>La jerarquía de valores</u>: los organismos vivos poseen una jerarquía de sistemas y subsistemas jerarquizado según un criterio estructural o funcional, que ha desempeñado un papel importante en la historia evolutiva, porque los avances en complejidad obtenidos en la pasado pueden ser conservados y usados de forma innovadora. Algo de esto es lo que ocurre con el concepto de causalidad "de arriba abajo": la acción causal "de arriba abajo" de unos niveles sobre otros, es decir, la influencia de un sistema sobre muchos subsistemas situados a niveles inferiores. Muchos teólogos sugieren que Dios actúa como una causa "de arriba abajo" desde un nivel superior a todos los de la naturaleza, sin violar las leyes que rigen los sucesos a estos niveles inferiores.

d) <u>Integración</u>. También en este caso, se conocen tres versiones diferentes:

1.- La primera versión de la integración, la <u>filosofía natural</u>, defiende la afirmación de la existencia de un diseño evolutivo: la historia de la evolución muestra una tendencia global al aumento de la complejidad, de la receptividad y de la conciencia. Así, a medida que se forman estructuras de mayor tamaño, aparecen combinaciones estables que se mantendrá unidas, de tal modo que la complejidad va apareciendo a través de diversas etapas jerarquizadas. Tradicionalmente, la idea de un diseño se ha explicado como la existencia de un proyecto detallado en la mente de Dios que fue llevado a cabo en la creación. Se pensaba que Dios tenía un plan preestablecido que fue llevado a cabo durante la creación. Pero la teoría de la evolución sugiere otra noción de diseño, según la cual existen líneas generales de desarrollo pero no un plan detallado. De este modo, podemos concebir a Dios como diseñador de un sistema auto-organizativo en el que van apareciendo nuevos niveles de orden en sistemas cada vez más complejos. Un mundo estructurado en niveles jerárquicos parece tender a la emergencia de complejidad, vida y conciencia, en el que Dios respeta la integridad del mundo y le deja ser lo que es. Pero I. Barbour defiende que los argumentos del diseño no son concluyentes por sí solos:

> *"Mi principal objeción a tales argumentos del diseño es que no nos llevan más que hasta el Dios lejano e inactivo del deísmo, el cual dista enormemente del Dios activo de la Biblia que continúa implicándose profundamente en el mundo y en la vida humana"[131].*

2.- La <u>teología de la naturaleza</u> viene representada por diversos modos de concebir la evolución como medio de la *creatio continua*. Como hemos señalado más arriba, para sus defensores Dios ha dotado a las cosas del mundo con potencialidades creadoras que se van revelando sucesivamente, aunque sólo se actualizan cuando se dan las condiciones adecuadas. Dios experimenta e improvisa en un proceso siempre abierto de creación continua. Peacocke habla, en este sentido, de la autolimitación de un Dios que sufre con el mundo. En una obra coordinada por J. Polkinghorne[132], se destaca cómo Dios no ha querido imponerse, sino que ha aceptado la kénosis de sí mismo en la creación, creando un universo ambiguo en el que el hombre deberá construir su vida libre y creativamente. En esta obra, A. Peacocke afirma que admitir que Dios, en el acto de la creación, pueda concebirse autolimitándose y haciéndose vulnerable a la historia del orden creado no se puede justificar sin considerar el

---

¹³¹ BARBOUR, I. G., *o. c.*, 167.
¹³² Cf. POLKINGHORNE, J., (Coord.), *La obra del amor. La creación como kénosis*, Verbo Divino, Estella 2008.

carácter evolutivo del proceso real de la creación. Por eso propone que:

"La teología cristiana lleva ya mucho tiempo atribuyendo a Dios autolimitación en la noción misma de que Dios crea algo distinto de Él y a ese algo le da Él cierto grado de autonomía... Ahora, reflexionando sobre los procesos creativos de la evolución biológica, podemos empezar a comprender que la autolimitación divina implicaba un compromiso costoso y sufriente con las creaturas en orden a su realización definitiva de los designios divinos y su consumación definitiva"[133].

O como comenta más adelante:

"Dios realiza nueva creación sufriendo... Porque la humanidad es libre puede ir en contra de los procesos creativos, rechazar las intenciones creativas de Dios, estropear la creación divina y hacer sólo por su propia cuenta que haya discordias y desarmonías... La humanidad es, pues, capaz, de un modo especialmente característico, de hacer sufrir a Dios"[134].

Otro de los colaboradores del libro, I. G. Barbour[135], sugiere que en la Edad Media se afirmaba que Dios era omnipotente, omnisciente, inmutable y no afectado por el mundo. Sin embargo, este modelo es hoy fuertemente cuestionado al tratar varios temas de la teología kenótica, entre ellos el de la integridad de la naturaleza, el problema del mal y del sufrimiento, la realidad de la libertad humana, la interpretación cristiana de la Cruz y las críticas feministas de los modelos

---

[133] PEACOCKE, A., El coste de la nueva vida: en POLKINGHORNE, J. (Coord.), *o. c.*, 65.
[134] *Ibid.*, 66.
[135] BARBOUR, I. G., El poder divino: un enfoque procesual: en POLKINGHORNE, J. (Coord.), *o. c.*, 21-43.

patriarcales de Dios. Centrándonos en la integridad de la ciencia, podemos leer lo siguiente:

> *"Con el desarrollo de la ciencia moderna, la naturaleza fue vista cada vez más como un mecanismo autosuficiente en el que Dios sólo podría actuar interviniendo desde fuera, violando las leyes naturales... La larga y arrolladora historia de la evolución sugiere que Dios no interviene con frecuencia o de forma coercitiva... Si algún papel queda para Dios, será el de cooperar con los poderes de las creaturas existentes más que el de dominarlas y regirlas"[136].*

En el mismo libro, G. Ellis considera que el diseño del universo es kenótico: Dios ha renunciado a imponer su presencia ocultándose, pero no de una manera absoluta ya que hay un equilibrio entre ocultamiento y manifestación que hace posible que los seres humanos puedan acceder a Dios:

> *"En el orden natural creado y conservado por Dios, las formas de la acción divina sobre la vida humana son las del amor y la verdad, sin coerción ninguna. Tal modo de actuar lo elige Dios voluntariamente porque es el único modo de obtener que individuos dotados de voluntad libre den una respuesta libre y amorosa"[137]*

3.- La <u>filosofía del proceso</u> es un buen sistema de integración ya que nació bajo la influencia conjunta del pensamiento científico y el pensamiento religioso. Su principal promotor, A. N. Whitehead (1861-1947), fue un matemático, físico y filósofo inglés considerado como una de las figuras más importantes en

---

[136] *Ibid.*, 22-23.

[137] ELLIS, G. E. R., La kénosis como tema unificador de la vida y la cosmología: en POLKINGHORNE, J. (Coord.), *o. c.*, 154.

la relación ciencia-religión en el siglo XX. Para él, los procesos de cambio y sus relaciones son más importantes que los objetos duraderos y autosuficientes. En el caso concreto de la evolución, los seguidores de la filosofía del proceso consideran que los procesos de cambio son más fundamentales que las sustancias perdurables y que entre la vida humana y la no humana no existe una división absoluta. Así, cualquier organismo constituye un patrón altamente integrado de sucesos interdependientes. Sus partes contribuyen a la actividad del todo, pero también se ven modificadas por ésta. En el pensamiento del proceso, Dios es a la vez fuente de orden y de novedad. La creación es un proceso largo y todavía incompleto. En ella, Dios despierta la capacidad de autocreación de los individuos, haciendo posible tanto la libertad y la novedad como el orden y la estructura. Dios propone nuevas posibilidades a las entidades del mundo y provoca su respuesta, pero dejando abiertas varias alternativas. Por eso, no es un gobernante omnipotente, sino el inspirador de una comunidad de seres interdependientes.

En resumen, cualquiera que sea la relación entre la evolución y la religión, dejando aparte lógicamente al conflicto, lo que parece claramente aceptable es que Dios no ha creado desde el principio un mundo perfecto y acabado, sino que la idea actual es que el mundo se ha transformado de un mundo del ser a un mundo del llegar a ser. En esa transformación, Dios no se autoimpuso sino que, más que como hacer, parece actuar permitiendo que las cosas ocurran, mediante un proceso de unión, mediante el cual se van creando nuevas realidades con propiedades que no estaban presentes en el estadio anterior.

Como muy bien considera K. Schmitz-Moormann, la unión es un aspecto del modo divino de crear:

"Si observamos el proceso evolutivo del llegar a ser como teólogos cristianos, percibimos este proceso de unión como uno de los aspectos de la creación de Dios. Si es correcto el análisis de que la evolución se desarrolla mediante la unión de elementos en totalidades unidas cada vez más elevadas, entonces Teilhard de Chardin advirtió correctamente que Dios crea mediante la unión. Claro que no se puede probar esta conclusión mediante la ciencia... Por otro lado, es obvio que la creación de Dios no está tan mal hecha que requiera una interferencia exterior visible y constante... Por tanto, podemos decir que a través de la unión llega a la existencia más ser"[138].

En definitiva, la *creatio continua* puede ser entendida como la acción del Creador realizada según el modo de la divina inmanencia, de igual manera que la *creatio ex nihilo* es la acción del Creador según el modo de la divina trascendencia:

"Dios actúa <u>en la</u> misma acción de la criatura, y ésta actúa sostenida <u>por la</u> acción divina, la cual es de orden trascendente y sólo toma cuerpo empírico y categorial en cuanto actuando a través de aquella, que a su vez sólo existe en cuanto apoyada en la divina: actuamos porque Dios actúa (orden trascendente); y Dios actúa de manera eficaz en el mundo porque actuamos nosotros (orden categorial)"[139].

Y llegamos así al ser humano. En este universo considerado como un proceso de llegar a ser mediante la unión hay que tener presente que los niveles más elevados del ser no se alcanzan a

---

[138] SCHMITZ-MOORMANN, K., *Teología de la creación de un mundo en evolución*, Verbo Divino, Estella 2005, 87.

[139] TORRES QUEIRUGA, A., *Recuperar la creación. Por una religión humanizadora*, Sal Terrae, Santander 1999, 114-115.

medida que la cantidad de materia es mayor, sino que, de hecho, la evolución ha tenido lugar contra todas las probabilidades aparentes, de manera que la materia realmente importante presenta rasgos de una cierta rareza. Este es el caso de la conciencia, que aparece como algo insólito en el universo. Aunque no podemos afirmar o negar la existencia de criaturas vivas con conciencia reflexiva en otros planetas, seguirían siendo un fenómeno raro. Pues bien, el ser humano dotado de esa conciencia es el punto más alto del proceso evolutivo o, si lo queremos expresar con otras palabras, de la *creatio continua*. Al llegar a hacerse consciente, el universo está en camino de encontrarse con Dios, llegando a ser *capax Dei* en el ser humano. Somos los únicos seres vivos que conocemos los motivos de nuestras acciones, por lo que la supervivencia del planeta vivo dependerá de las decisiones de los hombres. Por lo que hasta ahora conocemos, ninguna otra especie de ser vivo puede asumir esa responsabilidad.

Desde una visión antropológica de la creación, si toda ella está llena de una capacidad para la invención, el hombre lo está mucho más. Por eso cada ser humano se convierte en lo que Hefner[140] ha llamado "creado co-creador" junto a Dios, desde su condición de creatura.

Como vimos anteriormente, hoy se tiende a considerar que el séptimo día de la creación significa que Dios le da el relevo al hombre al encargarle que ponga nombre a todas las cosas (Gn 2, 19-20). Porque poner nombre no es solamente clasificar sino proseguir la creación dándole existencia a lo que parecía no existir. Por otra parte, tomó Dios al hombre y lo puso en el jardín del Edén para que lo guardara y lo cultivara (Gn 2, 15), no sólo para que lo contemplara, lo cual parece indicar que Dios

---

[140] Cf. HEFFNER, P., *The Human Factor: Evolution, Culture and Religion*, Fortress Press, Minneapolis 1993.

deja en suspenso su acción creadora y se la confía al hombre para que la continúe. El mandamiento creced y multiplicaos (Gn 1, 28) sugiere también que, en un mundo todavía inacabado, el hombre está llamado a poder abrirse y a llenar todas las cosas, a hacerse hombre a fondo. El hombre ha sido creado para crear. El mundo espera al hombre creado co-creador para que le dé todo su sentido. De este modo, la *creatio continua* no ha sido llevada a cabo sólo por la acción de Dios, sino también por la del hombre. Vendría a ser otro aspecto de la creación kenótica en la que la omnipotencia divina implica la capacidad para retirarse para que la creatura hombre pueda llegar a hacerse a sí mismo.

El hombre no ha sido simplemente causado sino que ha sido creado causa. El hombre ha sido creado para crear, con el deber de cumplir así su función de criatura. Podemos decir que la evolución espera al hombre creado creador para que le de todo su sentido. Esta es su grandeza.

El Concilio Vaticano II supuso, como en otros muchos casos, un revulsivo para la teología de la creación y, más en concreto, respecto a la labor del hombre como continuador de la obra creadora de Dios. La visión evolutiva del mundo ha sido perfectamente integrada en la teología, gracias entre otras cosas, a las grandes obras de Teilhard de Chardin.

> *"La reflexión conciliar está presidida por una imagen dinámica del mundo, que se contempla como proceso abierto en el que interviene no sólo el factor divino, con la puesta en marcha del proceso, sino además el factor humano, que prolonga y actualiza la obra de Dios. El concilio reconoce así que el mundo es, en cuanto*

creación, el efecto combinado de dos causalidades: la del Dios creador y al del hombre creativo"[141].

En efecto, el Concilio no considera la creatividad humana como algo opuesto a la divina o como un atentado a la obra creadora de Dios, sino que ambas obras son compatibles e, incluso, complementarias:

"Los cristianos, lejos de pensar que las conquistas logradas por el hombre se oponen al poder de Dios y que la criatura racional pretende rivalizar con el Creador, están, por el contrario, persuadidos de que las victorias del hombre son signo de la grandeza de Dios y consecuencia de su inefable designio"[142].

Otro aspecto a destacar es el reconocimiento de la autonomía de la realidad terrena que representa el Vaticano II, llegando a deplorar actitudes eclesiales pasadas como la mencionada más arriba sobre Galileo y reconociendo que esta autonomía

"...responde a la voluntad del Creador. Pues, por la propia naturaleza de la creación, todas las cosas están dotadas de consistencia, verdad y bondad propias y de un propio orden regulado, que el hombre debe respetar, con el reconocimiento de la metodología particular de cada ciencia o arte"[143].

---

[141] RUIZ DE LA PEÑA, J. L., *Teología de la creación,* Sal Terrae, Santander 1988, 111.
[142] CONCILIO VATICANO II, *Constitución Pastoral "Gaudium et spes"*, 34.
[143] *Ibid.,* 36.

4.3. La "creatio libera"

Siguiendo una vez más a Schmitz-Moormann[144], podemos decir que

> *"la historia de la evolución es la historia del llegar a ser de la libertad, que se hace cada vez más prevalente en la historia del universo... Este ascenso de la libertad a través de la historia evolutiva crea ciertos problemas para una concepción teológica tradicional de la creación".*

La libertad no es un don que Dios ha dado únicamente al hombre, sino que ha ido evolucionando hasta que, con su capacidad de reflexión, el ser humano sabe que es libre y que decide por sí mismo lo que quiere hacer o no, de una manera responsable. La creación alcanza en el ser humano la capacidad de responder o rechazar libremente el ofrecimiento divino del amor: nace así lo que se ha llamado *creatio libera*. El proceso evolutivo que ha sufrido la creación supone la producción de orden, complejidad, conciencia, información y libertad.

Al tratar el tema de la libertad suele aparecer una cierta ambigüedad que se concreta en dos posibilidades contrapuestas: o bien la acción de Dios sustituye a la libertad humana y la anula, o bien, si hay verdadera libertad, no puede estar influenciada por Dios. Sin embargo, esta ambigüedad se salva si consideramos que la influencia de Dios consiste precisamente en hacer posible y sostener la libertad. Como señala A. Torres Queiruga:

---

[144] SCHMITZ-MOORMANN, K., *o. c.*, 242-243.

"Si bien se piensa, se anuncia aquí uno de los misterios más fascinantes: la libertad humana es la puerta para la novedad de la intervención divina en el mundo"[145].

No obstante, la libertad humana no consiste fundamentalmente en la capacidad de elegir entre varias alternativas, no es sólo una facultad electiva como se venía considerando tradicionalmente, sino que es, más bien, una "facultad entitativa", consistente en la capacidad que tiene la persona para autodeterminarse y disponer de sí en orden a su realización, la posibilidad humana de construir su propio destino.

Tres corrientes de pensamiento tan dispares como el cristianismo, el existencialismo y el neomarxismo humanista coinciden en esta concepción de la libertad. En el cristianismo, ya San Agustín y Santo Tomás distinguían entre la capacidad de elección y la capacidad de autorrealizarse. De nuevo el Concilio Vaticano II llama la atención sobre el hecho de que:

"La orientación del hombre hacia el bien sólo se logra con el uso de la libertad... La verdadera libertad es signo eminente de la imagen divina del hombre"[146].

Para S. Kierkegaard (1813-1855), considerado el padre del existencialismo, el tema de la relación entre la libertad y la necesidad es un problema que ha preocupado no solo a los filósofos, sino a todos los hombres, llegando a afirmar que la acción divina de dotar de libertad a una criatura es superior a la propia acción creadora. Según sus estudiosos, Kierkegaard entiende la libertad de doble modo: como "libertas" y como

---

[145] TORRES QUEIRUGA, A., *Recuperar la creación. Por una religión liberadora*, Sal Terrae, Santander 1996, 117-118.
[146] CONCILIO VATICANO II, *Constitución Pastoral "Gaudium et spes"*, 17.

"libre albedrío". La primera es la ordenación al fin, la cual se perdió con el pecado original; la segunda es la capacidad de elegir; que, en rigor –según el pensador danés– es una quimera. La clave de la vida es ganar con sufrimiento la "libertas", la cual no se alcanza sin la ayuda divina. Se trata, entonces, de dar un salto: en la medida en que uno se dirige al fin, abandona paulatinamente el libre albedrío, y su libertad se convierte en necesidad. Por su parte, M. Heidegger (1889-1976) señala que la libertad se le ha dado al hombre como posibilidad de llegar a ser él mismo. Su filosofía es una fuente de nihilismo fundamental, presente sobre todo en su idea del hombre como ser-para-la-muerte. Sólo cuando asume esta condición, adquiere su verdadera libertad, la que él llama "apasionada libertad para la muerte" y se convierte en autentico hombre. De manera semejante, para J. P. Sartre (1905-1980) somos lo que hemos querido ser y siempre podremos dejar de ser lo que somos. Los fines que perseguimos no nos vienen dados ni del exterior ni del interior, de una supuesta naturaleza; es nuestra libertad la que los elige. Como dijo en su célebre conferencia "El existencialismo es un humanismo", no se nace héroe o cobarde; al héroe siempre le es posible dejar de serlo, como al cobarde superar su condición. Nosotros estamos "condenados a ser libres: condenados porque no nos hemos dado a nosotros mismos la libertad, no nos hemos creado, no somos libres de dejar de ser libres. Por su parte, K. Jaspers (1883-1969) propone el concepto de "libertad situada" ya que considera que en la libertad, como capacidad de decisión, es en donde se expresa la posibilidad de ser de la existencia, una existencia que "está situada" en virtud de su finitud. Entre existencia y libertad se establece una relación de circularidad, ya que cada vez que el sujeto elige y en esa elección él se elige (es decir ejerce su libertad), entonces la persona realmente "existe" en el sentido de trascendencia. Por último, para G. Marcel (1889-1973), considerado un existencialista cristiano, la libertad no es tanto un atributo que pertenece inalienable a la naturaleza humana para ejercerse principalmente dentro del ámbito de una "sí-mismidad" cerrada y sellada, sino más bien el "acto libre" es aquel acto por el que yo me abro, recibo y acojo un don o gracia de otro.

El humanismo marxista parte de la comprensión del hombre concreto, donde la transformación de las relaciones sociales constituye la base para la lucha en su posible emancipación. En este sentido, E. Bloch (1885-1967) acepta que el derecho natural debe ser el camino de la liberación de los hombres y la vía para la construcción de una sociedad más justa y más humana, porque se establecen en él las bases para que no haya hombres oprimidos. Por eso, la sociedad perfecta implica la justicia y la libertad para todos los hombres[147].

Naturalmente, la libertad así entendida implica la responsabilidad: impone a las personas la obligación de tener que responder de su logro o malogro. Por eso, como bien escribía Thielicke:

"La libertad no quiere decir que puedo hacer lo que quiera; en sentido pleno de la palabra, significa más bien que debo llegar a ser lo que soy. Me presta la capacidad de ser yo mismo, de lograr mi identidad"[148].

Se es más libre cuando se opta por ser-más-hombre, más-uno-mismo, más-persona. Ahora bien, ser persona significa disponer de sí mismo para hacerse disponible, para relacionarse con los demás.

---

[147] Cf. BLOCH, E., *Derecho natural y dignidad humana,* Dikinson, Madrid 2011.
[148] THIELICKE, H., *Esencia del hombre,* Herder, Barcelona 1985, 239.

No obstante todo lo anterior, existen distintas disciplinas científicas nuevas que plantean retos importantes al aspecto religioso de la libertad que venimos insinuando. Siguiendo de nuevo a Barbour[149] podemos distinguir las siguientes situaciones:

a) <u>Conflicto</u>. El materialismo reduccionista propone que todos los aspectos de la conducta humana pueden ser explicados por las leyes que gobiernan el comportamiento de la materia. Así, F. Crick, uno de los descubridores del DNA, comienza su libro más conocido con esta frase:

"La hipótesis revolucionaria es que «Usted», sus alegrías y sus penas, sus recuerdos y sus ambiciones, su propio sentido de la identidad personal y su libre voluntad, no son más que el comportamiento de un vasto conjunto de células nerviosas y moléculas asociadas. Tal como lo habría dicho la Alicia de Lewis Carroll, «no eres más que un motón de neuronas»"[150].

En esta obra, Crick propone que la conciencia sólo es el resultado de la correlación de diversos sistemas cognitivos por medio de oscilaciones eléctricas de unos cuarenta ciclos por segundo, llegando a dudar de su carácter subjetivo y de que pueda ser estudiada por la ciencia. De un modo semejante, Dennet[151] describe la postura intencional como la estrategia de actuar como si las demás personas tuvieran intenciones, proponiendo que todos los fenómenos mentales podrán explicarse físicamente. Algo parecido propuso el neurobiólogo alemán G. Roth en una conferencia pronunciada el 10 de junio de 2004: las decisiones adoptadas por el ser humano ocurren en

---

[149] Cf. BARBOUR, I. G., *o. c.*

[150] CRICK, F., *La búsqueda científica del alma. Una revolucionaria hipótesis para el siglo XXI,* Debate, Madrid 1994, 3.

[151] Cf. DENNET, D., *o. c.*

el sistema límbico uno o dos segundos antes de que podamos percibirlas de modo consciente. Dicho sistema actuaría como un aparato de poder organizado, frente al que el ser humano se percibe, debido a un autoengaño, solo de un modo aparente como libre, por lo que la representación tradicional según la cual la voluntad se transforma en hechos concretos a través a una acción voluntaria dirigida por un yo consciente no es más que una ilusión.

> *"Los seres humanos nos experimentamos a nosotros mismos como libres en nuestros pensamientos, sentimientos y voliciones, así como en la planificación y ejecución de nuestras acciones. El yo se percibe a sí mismo como causante de tales estados y acciones. Pero ello constituye a todas luces una ilusión"*[152].

Para el conductismo y la ingeniería social, un tratamiento científico de la conducta humana acabará por eliminar la creencia de que el hombre es un ser libre y responsable. Según B. F. Skinner[153], el ambiente es un factor determinante de la conducta, de modo que llegará un día en que será inútil la reivindicación de un sujeto responsable. En una novela futurista[154], pone en boca del protagonista una frase que parece lapidaria: "Nuestra libertad es solamente un engaño". Para este mismo autor, los miembros de la sociedad futura estarán haciendo lo que quieren, o al menos así lo creerán, pero seremos otros los que dirijamos sus deseos en un determinado sentido, serán los expertos en sociología y psicología de grupo quienes controlarán la vida en todos sus niveles.

---

[152] Citado en KÜNG, H., *o. c.*, 175.
[153] Cf. SKINNER, B. F., *Ciencia y conducta humana*, Fontanella, Barcelona 1977.
[154] Cf. SKINNER, B. F., *Walden Dos*, Fontanella, Barcelona 1968.

También la sociobiología se expresa de manera más o menos semejante. Para E. O. Wilson, considerado el padre de la sociobiología, nuestra libertad es sólo un engaño. Lo que se llama voluntad o libre albedrío solo es el resultado de la competencia de módulos cerebrales programados, de tal manera que a medida que vayamos conociendo la estructura cerebral humana podremos predecir sus decisiones. Al contrario, cuanto menos accesibles sean estos datos, la conducta será más impredecible[155]. También el filósofo de la evolución M. Ruse propone que todos los valores son subjetivos y que la sociobiología puede explicar por qué creemos que son objetivos. La objetividad de los valores es un mito cultural favorecido por la selección evolutiva[156].

Dentro del campo de la Biología, el llamado determinismo genético puede representar también una cierta negación de la libertad humana. La genética conductual trata de establecer una relación entre genes y conducta, basándose en los conocimientos actuales. Sin embargo, muchas de sus interpretaciones son muy cuestionables. Así, por ejemplo, se dice que nuestro destino está determinado por nuestros genes o que a una persona no se le pueden pedir responsabilidades por sus actos ya que sus genes no le permiten obrar de otra manera. No obstante, se han hecho estudios sobre el comportamiento sexual, el alcoholismo, la tendencia al encarcelamiento, etc. sin que existan resultados que permitan concluir taxativamente esta dependencia. Y es que los factores culturales tienen un gran papel determinante de nuestro comportamiento, de modo que la naturaleza y la educación siempre se presentan juntas, sin que ninguna pueda ser considerada independiente de la otra. En el caso de la libertad, no significa que nuestras acciones no tengan una causa determinada, sino que son el fruto de unas determinadas

---

[155] Cf. WILSON, E. O., *Sobre la naturaleza humana*, Círculo de Lectores, Barcelona 1997.
[156] Cf. RUSE, M., *Tomándose a Darwin en serio: implicaciones filosóficas del darwinismo*, Salvat, Barcelona 1994.

motivaciones que no dependen exclusivamente de nuestros genes. Sin embargo, esto no nos puede llevar a despreciar el papel de la genética sobre la vida humana en un futuro más o menos próximo. La manipulación de los genes puede ser un buen ejemplo de ello. En todo caso, el debate sobre las consecuencias éticas de estas técnicas es una expresión de nuestra libertad humana, la cual exige el rechazo del determinismo genético, bien sea evolucionista o conductual.

Otra negación de la libertad humana procede de la antropología cibernética, representada especialmente por Ruiz de Gopegui[157], que propone que el hombre y la máquina no se diferencian esencialmente, y lo mismo que a nadie se le ocurre adjudicar libertad a una máquina, no es de recibo atribuírsela al hombre; éste tiene que llegar a comprender que la libertad individual no tiene ningún sentido.

"Las máquinas electrónicas, que... no poseen ni pueden poseer libre albedrío, deciden o van a decidir como lo hace el hombre. Luego es evidente que para tomar una decisión no se requiere el libre albedrío"[158].

Para este autor, el sentimiento de libertades sólo un espejismo; el individuo se cree libre cuando ha hecho lo que quería, sin percatarse de que lo que quería estaba totalmente condicionado por agentes no controlados ni controlables por él. Pero, además, esta falta de libertad individual llevará consigo la de libertad social: las máquinas inteligentes tomarán el control de todo hasta terminar por ser dueños de la política y de las demás actividades humanas. El imperio del hombre habrá caducado y será sustituido por el de la máquina.

---

[157] Cf. RUIZ DE GOPEGUI, L., *Cibernética de lo humano*, Tecnos, Madrid 1983.
[158] *Ibid.*, 49.

b) <u>Independencia</u>. Para bastantes autores, si las afirmaciones científicas y las afirmaciones religiosas sobre la libertad humana son independientes unas de otras, no pueden entrar en conflicto. Estas ideas están basadas, generalmente, en el dualismo cuerpo-alma, defendido por la cultura griega. En este sentido, el alma se supone inmaterial y fuera de toda investigación científica. Tanto el cuerpo como el alma son términos correspondientes a dos formas de discurso, que tienen funciones dispares y perspectivas complementarias sobre la vida humana. De ahí que aquellos conceptos bíblicos relacionados con el alma, entre ellos la libertad, no tienen ninguna relación con la ciencia; son temas independientes.

No es este el momento de profundizar sobre el dualismo cuerpo-alma ni su desarrollo histórico por las distintas culturas. Pero basta recordar que la concepción judía y cristiana de la creación excluye todo el dualismo griego de cuerpo y alma. Como escribe J. L. Ruiz de la Peña:

"Originariamente, el dualismo ha nacido de una preocupación no ontológica, sino ética; la pregunta que lo ha generado versa, no sobre el origen del mundo, sino sobre el origen del mal... Además, porque el mal existe en el mundo en tal cantidad y calidad, posee tal espesor, que por fuerza tiene que ser producto de un principio supremo, tan supremo como el que originó el bien... La inverisimilitud de esta hipótesis la ha puesto fuera de la circulación; el descrédito que actualmente padece el dualismo es demasiado notorio para precisar ilustraciones[159].

---

[159] RUIZ DE LA PEÑA, J. L., *Creación, gracia, salvación.* Sal Terrae, Santander 1993, 24.

Otro tipo de dualismo que integra a la libertad es el de mente y cerebro. Así, W. Penfield[160] propone que existe un centro de decisión totalmente distinto de la red neural, como una especie de telefonista que controla la centralita. Ideas más o menos semejantes defienden el fisiólogo J. Eccles y el filósofo K. Popper. Sin embargo, como veíamos antes, la mayoría de los científicos no defienden ni el dualismo cuerpo/alma y el de cerebro/mente.

c) <u>Diálogo</u>. Acabamos de ver cómo el dualismo cuerpo/alma ha sido criticado por científicos y por teólogos, que han propuesto varias alternativas que llevan consigo una interacción constructiva entre la ciencia y la religión. Una de estas alternativas tiene su base en la antropología y el yo social. Según la Biblia, Dios estableció su alianza con un pueblo más que con una serie de individuos aislados, por lo que más que individuos somos personas en comunidad. Para un creyente, cuando la acción creadora divina tiene como destinatario al hombre, se convierte en una voluntad de encuentro y de diálogo, que llama a la existencia a un ser que es, a la vez, completamente dependiente y completamente libre. Esa paradoja dependencia-libertad puede explicarse en base al ejemplo de las relaciones interhumanas entre una madre y su hijo: es una forma de dependencia que genera autonomía, que no es esclavizante sino liberadora y personalizadora.

El tema del yo social ocupa hoy un puesto importante en la teología contemporánea. La presencia interpelante de un tú es lo que genera la conciencia del yo y el ejercicio de su libertad. Sin ese tú, yo no tendría por qué dar respuesta o ser responsable de mis acciones. Ahora bien, la presencia del tú implica una limitación a mis posibilidades: yo no puedo hacer lo que me

---

[160] Cf. PENFIELD, W., *El misterio de la mente. Estudio crítico de la conciencia y del cerebro*, Pirámide, Madrid 1977.

apetezca, entre otras cosas porque a ese tú le debo un supremo respeto. En otras palabras, esa relación implica una cierta dependencia, pero una dependencia que al final resulta liberadora.

De todo ello se deduce que la libertad es una facultad dialógica, no monológica; se ejerce en las relaciones interpersonales, que son imprescindibles para la propia realización como sujeto.

"El mundo se comprende así no como un escenario de poderes cósmicos anónimos, ni como el espejo de un monólogo divino que acciona unilateralmente los hilos de la trama, sino como el resultado de un diálogo entre dos libertades, la divina y la humana"[161].

Actualmente, se suele aceptar que el hombre es un ser social cuyo grado de sociabilidad depende de su propio desarrollo. Las primeras etapas de la vida humana exigen de modo claro la comunidad, ya que sin ella, esa vida no puede realizarse humanamente. En las primeras etapas del desarrollo, la educación es, sobre todo, receptiva. Nadie comienza su historia personal desde cero, sino que siempre hay un origen que es la historia de los demás. Por eso se considera que la libertad humana es una libertad situada. Pero la influencia del medio social sobre la persona no acaba cuando ésta llega a la madurez, puesto que esa persona tiene que insertarse en una sociedad especializada, necesita insertarse en un grupo que, a su vez, lo integra en el ámbito de un ecosistema natural[162].

---

[161] RUIZ DE LA PEÑA, J. L., *Imagen de Dios. Antropología teológica fundamental*, Sal Terrae, Santander 1988, 200.
[162] Cf. MORIN, E., *El método. La naturaleza de la naturaleza*, Cátedra, Madrid 1981.

Y a la inversa de lo que llevamos dicho, el hombre no sólo recibe de la comunidad, sino que tiene que dar. La sociabilidad del ser humano no es sólo receptiva sino que tiene que ser también oblativa. Como ser social, el hombre no puede limitarse a parasitar a la sociedad sino que ha de participar activamente en ella, renovándola y actualizándola en función de su libertad creadora.

d) <u>Integración</u>. Los defensores de la integración recurren de manera sistemática a la ciencia, y pretenden aceptar una gran reconstrucción teológica. De todos ellos, nos interesa destacar en este campo aquellas visiones teológicas de la persona como organismo biológico a la vez que como un yo responsable.

En este sentido, P. Hefner considera que Dios se sirve de la evolución para crear criaturas libres, las cuales abren a su vez nuevas posibilidades de creación. Los seres humanos somos creados co-creadores y, por lo tanto, gozamos de libertad para abrir nuevos caminos, dentro de los límites impuestos por nuestra herencia genética y social.

"El homo sapiens es el co-creador creado por Dios, y su tarea consiste en estirar y habilitar los sistemas de la naturaleza, de suerte que éstos puedan participar de los propósitos de Dios bajo el modo de la libertad"[163].

Diferentes autores defienden el uso de nuestra libertad para intervenir en la disminución del sufrimiento humano mediante la corrección de determinados errores o defectos genéticos, teniendo en cuenta la posible influencia de los genes en la conducta humana, lo mismo que usamos las nuevas tecnologías para fomentar la justicia social y la propia realización del ser

---

[163] HEFNER, P., Theology´s truth and scientific formulation, *Zygon* 23 (1988) 270.

humano. Por último, otros autores defienden el uso de nuestra libertad no sólo para ser colaboradores de Dios en la creación sino también en la redención.

Por otra parte, cualquiera que sea la relación entre teología y libertad humana, desde siempre los teólogos se han preocupado también del tema de la predestinación y su relación con la libertad, creando un dilema que no se ha llegado a resolver racionalmente. Quizás no sea esta la ocasión para profundizar en el sentido teológico de la libertad y de su relación con la providencia divina, pero sí de resaltar que parece absurdo que Dios haga existir criaturas distintas de Él para después anularlas por reabsorción, o que las hiciera activas para después eliminar su actividad. Una posible explicación teológica dentro del marco evolutivo actual estriba en el hecho de que la libertad no es algo excepcional del hombre; los animales tienen un cierto grado de libertad pero no son conscientes de ello. Y, sobre todo, que todas las criaturas vivas no están sometidas estrictamente a un determinismo mecanicista, sino que la propia libertad se va adquiriendo a lo largo de la evolución. Es lo que Teilhard de Chardin concebía con el término "complejidad" para medir el grado de evolución: hay una estrecha relación entre el crecimiento de la complejidad y el de la conciencia. Esa propensión a la complejidad incrementada se manifiesta en la historia de todos seres vivos, pero no es ni mucho menos un tipo de predeterminación o de predestinación que se presenta de un modo necesario.

P. Tillich, en un comentario a Rom 8,38-39, ponía de manifiesto los equívocos que se suelen presentar al hablar de la providencia divina, pero muy certeramente señalaba lo siguiente:

"La fe en la providencia divina es la fe en que nada puede impedirnos de cumplir el sentido último de nuestra existencia. La providencia no significa una planificación divina por la que todo está predeterminado, como en una máquina eficaz. Más bien, la providencia significa que en toda situación está implicada una posibilidad creativa y salvadora, que no puede ser destruida por ningún acontecimiento"[164].

4.4.- La "creatio appellata"

La relación entre invención y libertad creadora nos lleva a una cuarta consideración acerca de la creación. Como hemos visto, la dependencia del Creador no significa la alienación de la criatura sino su liberación. Las afirmaciones fundamentales de los primeros capítulos del Génesis podíamos resumirlas en que todo el universo ha sido creado por Dios y que todo lo creado era bueno. Pero esa bondad de la creación no puede tomarse como un símbolo de la omnipotencia divina sino, más bien, como resultado de la propia bondad de Dios, de su generosidad ilimitada y del amor gratuito con que Dios actúa en su voluntad de comunicarse. El modo en que Dios crea no es una demostración de poder, mediante una imperiosa palabra que lleva a todos los seres a la perfección. Dios no se autoimpuso en la creación. Más que hacer, parece que Dios permitió que las cosas ocurrieran. Mediante la *creatio ex nihilo* Dios no originó las criaturas ya perfectamente preparadas, sino las estructuras y los elementos necesarios para ello. Por ello, las acciones de las criaturas no son atentados contra la obra del Creador, sino que pueden ser consideradas como prolongaciones de dicha obra,

[164] TILLICH, P., "The meaning of providence": en *The shaking of the foundations*. Charles Scribner´s Sons, a sermon collection, online edition, 1948.

previstas y queridas por el propio Creador. Como escribe Ruiz de la Peña:

"Dios entrega al hombre el mundo recién surgido a la existencia para que aquel, en su calidad de «imagen» lo conduzca a su consumación"[165].

Pero esta consumación tiene un sentido: lo que Schmitz-Moormann[166] ha llamado la *creatio apellata,* es decir, la creación llamada a acercarse. Para este autor, la idea básica es que el universo es llamado por Dios a salir de la nada hacia Él. El proceso del llegar a ser es la respuesta de la creación. Sólo de un Dios cuyo ser es pura y simplemente amor, puede predicarse la creación, la puesta en existencia de lo distinto de sí como algo querido libremente y, por lo tanto, digno de ser amado por ser distinto. Descubrir el amor como la fuerza creativa fundamental abre una nueva visión que podría considerarse como una forma muy adecuada para explicar la actuación de Dios.

Tal como vimos anteriormente, tanto la creación como la evolución consisten en "llegar a ser mediante la unión", adquiriendo nuevas propiedades que no se encontraban antes. De acuerdo con el concepto de *creatio appellata,* Dios no está empujando o forzando a los elementos para que se unan, sino invitándolos a unirse de una manera inmanente. La omnipotencia de Dios adquiere así un nuevo significado: llama a los elementos para que se unan unos a otros con una tendencia interna pero sin forzarlos. Sólo por amor. Lo mismo que los seres humanos se unen por la fuerza del amor mutuo, los elementos de la creación se van uniendo libremente, quizás dirigidos por la presencia de Dios en su interior, de manera que los atrae hacia Él.

---

[165] RUIZ DE LA PEÑA, J. L., *Creación, gracia, salvación,* Sal Terrae, Santander 1993, 33.
[166] Cf. SCHMITZ-MOORMANN, K., *o. c.*

En efecto, una de las características más importantes del proceso evolutivo es la unión: mediante la unión se van creando nuevas realidades con propiedades que no estaban presentes en el estadio anterior. F. Betto señala muy acertadamente que:

"Toda la materia contenida en el universo se deriva de las mismas partículas elementales... No hay nada aislado capaz de sobrevivir por sí mismo. El Todo está en el Uno y el Uno está en el Todo. La naturaleza es esencialmente comunitaria y solidaria... De los miles de partículas existentes sólo cuatro son estables: el protón, el electrón, el fotón y el neutrón... De cierto modo, lo que sustenta al átomo es una cuestión de amor, la atracción entre las cargas opuestas de los protones y los electrones"[167].

Los átomos son capaces de unirse a otros átomos para construir estructuras mayores llamadas moléculas con propiedades claramente nuevas. Así, la unión de dos átomos de hidrógeno y un átomo de oxígeno forma una molécula de agua con propiedades que no tenia ninguno de sus átomos constituyentes. Los elementos son una condición para que surja una nueva realidad, pero éstos no la contienen. Lo más surge de los menos pero, a su vez, el todo es algo más que la suma de sus partes. La unión de moléculas relativamente sencillas da lugar a las macromoléculas orgánicas que aparecen en los seres vivos. Pero el ser vivo más primitivo que conocemos es tan complejo en cuanto a sus estructuras que aún somos incapaces de reproducirlo a partir de sus elementos básicos. Nos resulta muy difícil conocer que es lo que explica la unidad de una bacteria, pero indudablemente este ser vivo muestra un elevado grado de totalidad unida, que no se puede explicar solamente con las leyes

---

[167] BETTO, F., *La obra del artista. Una visión holística del universo*, Trotta, Madrid 1999, 123-126.

de la química, aunque estas leyes sean necesarias y se cumplan en el ser vivo. De la misma forma, un organismo pluricelular se comporta como un todo formado por la unión de millones de células diversificadas sin que podamos decir qué es lo que conforma su unidad. Para algunos, este principio de unidad en los seres vivos se denomina alma, una entidad desconocida para la ciencia.

Un aspecto importante digno de mencionar es que la unión no destruye la identidad de los elementos implicados en la totalidad unida sino que, más bien, la potencia. Un átomo de oxígeno es el mismo tanto cuando forma parte de una molécula de agua como constituye parte de una neurona. Como afirmaba Teilhard de Chardin la unión diferencia a los elementos que están unidos. Por eso hoy se puede considerar que el proceso evolutivo se desarrolla a través de la unión de elementos en totalidades unidas más elevadas en las que algo nuevo llega a la existencia.

Citando de nuevo a Schmitz-Moormann[168]:

"Descubrir el amor como la fuerza creativa fundamental abre una visión que podría considerarse como una forma muy adecuada para que Dios actúe... La amorosa llamada de Dios se podría considerar, teológicamente hablando, como la fuerza conductora de la creación y, por lo tanto, de la evolución".

Tal como hemos hecho en los casos anteriores, podemos examinar brevemente algunas de las respuestas a la *creatio appellata* siguiendo es esquema de Barbour.

---

[168] SCHMITZ-MOORMANN, K., *o. c.*, 217.

a) <u>Conflicto</u>. Se trata de críticas al concepto de Dios y su creación planteadas por algunos científicos naturalistas. Uno de los autores que rechazan fuertemente el teísmo es el cosmólogo P. Atkins[169] que mantiene que el universo se originó gracias a fluctuaciones aleatorias del vacío. En el colapso termodinámico posterior al desorden, surgieron ocasionales islas de orden, sólo debido a procesos físicos arbitrarios. Como veíamos anteriormente, R. Dawkins es otro autor que ve en el teísmo un rival de la ciencia a la hora de explicar el mundo. Para él, la selección natural mediante muchas mejoras adaptativas pequeñas hace probables combinaciones moleculares de por sí improbables[170]. Con su idea de "consilience" (unificación), E. O. Wilson propone que:

"todos los fenómenos tangibles, desde el nacimiento de las estrellas hasta el funcionamiento de las instituciones sociales, están basadas en fenómenos materiales reducibles, en último término, a las leyes de la física"[171].

Sin embargo, para algunos comentaristas, el modelo de unificación que propone Wilson se basa sobre todo en la hostilidad entre las ciencias naturales, por una parte, y las humanidades y las ciencias sociales, por otra. Wilson ofrece una explicación evolucionista de la religión, basándose en las jerarquías de dominación y sumisión que han contribuido a la supervivencia de las especies. Por eso, sostiene que la religión jugó en el pasado un papel útil para el hombre, pero que la realidad material descubierta por la ciencia tiene más contenido y grandeza que todas las religiones juntas.

---

[169] Cf. ATKINS, P., *El dedo de Galileo. Las diez grandes ideas de la ciencia*, Espasa, Madrid 2003.

[170] Cf. DAWKINS, R., *Escalando el monte improbable*, Tusquets, Barcelona 1998.

[171] WILSON, E. O., *Consilience: la unidad del conocimiento*, Círculo de Lectores, Barcelona 1999, 266-267.

También se pueden incluir en este grupo, aunque en sentido contrario al anterior, a algunos representantes del naturalismo religioso moderado como R. Burhoe y W. Drees. Para el primero, la naturaleza tiene muchas propiedades del Dios tradicional, como la omnipotencia, por lo que debería ser objeto de adoración y obediencia. Esta visión de la naturaleza parece ser contraria a la idea de un Dios personal que trasciende la naturaleza. Para Drees, el mundo natural es toda la realidad que conocemos y con la interactuamos. Las distintas tradiciones religiosas son sólo adaptaciones a contextos históricos locales y no aportan base suficiente para hacer afirmaciones universales sobre la realidad.

b) <u>Independencia</u>. Algunos autores proponen que las explicaciones científicas y teológicas no pueden entrar en conflicto, porque la causalidad primera de Dios se ejerce a un nivel diferente del de las causas segundas de la naturaleza. Dios, como causa primera, actúa a través de las causas segundas que estudia la ciencia. En este sentido, E. Wilson concederá que las criaturas somos como herramientas en manos de Dios que es el Obrero. Del mismo modo, K. Barth defiende la soberanía divina sobre la naturaleza afirmando que Dios gobierna incondicionalmente todo acontecer y que conoce por adelantado lo que va a ocurrir, predeterminándolo todo.

En la Biblia nos encontramos con que toda la creación se ordena a Dios; que Él es el fin último de todo. Eso no significa que al crear Dios no busca nada para sí mismo, puesto que ya lo posee todo. En realidad, Dios crea para establecer una alianza, esto es, para comunicar su bondad. Y, precisamente, porque Dios ha hecho partícipe por la creación a las criaturas de su bondad, la creación está llena de la gloria de Dios[172].

---

[172] Cf. GONZÁLEZ DE CARDEDAL, O., *La gloria del hombre*, BAC, Madrid 1985.

Otros autores defienden la existencia de lenguajes complementarios al servicio de funciones claramente distintas. Así algunos filósofos afirman que la explicación de las acciones a través de las intenciones es muy diferente de la explicación de los efectos por sus causas. Como señala I. G. Barbour:

"El análisis de intenciones no excluye la explicación por medio de leyes científicas... Las intenciones de los agentes nunca resultan directamente observables y pueden ser difíciles de reconocer a partir de acontecimientos que se suceden en un breve lapso de tiempo... El drama cósmico puede ser interpretado como expresión de los propósitos divinos; de Dios se afirma que actúa en y a través tanto de la estructuras como del movimiento de la ciencia y la historia"[173].

c) <u>Diálogo</u>. Muchos autores actuales usan conceptos científicos para describir la relación amorosa de Dios con el mundo. Así, consideran que Dios puede ser considerado como un diseñador de un proceso auto-organizativo, entendiendo como diseño la orientación general del desarrollo hacia la complejidad y la conciencia. Hoy no se acepta la idea de un Dios relojero que haya diseñado desde el principio hasta el más mínimo detalle de un mecanismo determinista, pero sí se puede defender un deísmo revisado según el cual Dios diseñó el mundo como un proceso creador multiestratificado que combina el azar y la ley. P. Davies y N. Gregersen pueden ser considerados representantes de esta postura.

Para otros autores como W. H. Vanstone y K. Ward, la idea de la autolimitación de Dios es fundamental para la *creatio appellata*, afirmando que el verdadero amor siempre va

---

¹⁷³ I. G. BARBOUR, *o. c.*, 231-232.

acompañado de vulnerabilidad. El amor verdadero es precario y lleva siempre el riesgo del rechazo. Al Dios bíblico le afectan las vicisitudes de la creación: debe esperar la respuesta de la naturaleza y del hombre. La naturaleza es el resultado de una obra de amor y, por lo tanto, merece que la cuidemos. Pero la autolimitación de Dios es voluntaria, porque podría destruir o modificar el mundo en cualquier momento. Sin embargo, ha aceptado su kénosis en aras del amor a esa creación[174].

El acto de crear y de mantener el mundo en su ser es, sin duda, un acto de gran poder, incomparable al poder la cualquiera de las criaturas. Pero si nos preguntamos el por qué de esa creación, es decir, los motivos que ha podido tener Dios para realizar esa creación tan maravillosa, no encontraremos otra respuesta que es la obra de un gran amor, de un amor divino que ha querido que existan otros seres para hacerlos, de alguna manera, participantes de su propia vida. Por eso, el poder y el amor van fuertemente unidos en Dios a través de la creación. Un poder sin amor correspondería a un dios tirano, dominador de toda la historia. Al contrario, un amor sin poder sería propio de un dios espectador impotente de la historia del mundo. Ninguno de esos dioses es el Dios cristiano, para quien tanto el poder como el amor tienen una gran importancia. La teología actual tiende a tener una manifestación claramente kenótica: el curso de la creación lo comparte Dios con sus criaturas, las cuales desarrollan papeles fundamentales en ese desarrollo que le han sido otorgados pero no dictados por el Creador. Este "compartir" tiene una importancia decisiva en la interpretación de la teodicea: hoy no se puede sostener que Dios sea total y directamente responsable de todo lo que ocurre en el mundo. Un mundo al que se le permite hacerse a sí mismo tiene un costo inevitable. No podemos extendernos aquí sobre el problema del

---

[174] Para un estudio más extenso de este tema ver POLKINGHORNE, J. (Coord.), *o. c.*

mal y del sufrimiento en el mundo, pero sí podemos afirmar que Dios sufre al crear por amor:

"Podemos decir que Dios con el transformante poder del amor se vale incluso del sufrimiento para realizar el propio ser divino... El ágape y el eros se integran realmente en el sufrimiento del amor divino... El caso es que, si Dios desea la compañía de seres creados, esto le involucra en el sufrimiento, y con este autosacrificio (ágape) Dios se satisface plenamente en el amor (eros)[175].

El sufrimiento en el mundo no tiene que verse como un castigo del pecado del hombre o como una anomalía inexplicable. La posibilidad de experimentar dolor va unida al incremento de la conciencia experiencial. Aceptando la autolimitación del poder divino, evitamos hacer responsable a Dios de las formas del mal y del sufrimiento que nos acompañan. En vez de considerar a un Dios-Juez que impone castigos a nuestras faltas, nos encontraríamos así con un Dios-Amigo que comparte nuestro sufrimiento y que colabora con nosotros para superarlo.

d) <u>Integración</u>. Aunque no existe mucha diferencia con el diálogo, los autores que defienden la integración suponen una síntesis entre la ciencia y la teología más sistemáticas que los anteriores, proponiendo básicamente dos modelos de Dios como determinador de indeterminaciones y como causa "de arriba abajo".

Para los primeros, en el mundo existe todo un espectro de posibilidades: los sucesos cuánticos tienen causas necesarias

---

[175] FIDDES, P. S., *Creación por amor*, en POLKINGHORNE J. (Coord.) *o. c.*, 224.

pero son suficientes. Si estos sucesos no están totalmente determinados por las leyes de la física, su determinación final puede ser hecha directamente por Dios, que no tiene que intervenir como una fuerza física moviendo los electrones sino que se limita a actualizar alguna de las potencialidades ya presentes.

Para los segundos, entre los que destaca A. Peacocke, Dios crea a través de un proceso global en el que concurren ley y azar, no por medio de intervenciones puntuales en las lagunas de ese proceso, ejerciendo sobre el mundo una causalidad "de arriba abajo", desde un nivel superior a todos los de la naturaleza, sin violar las leyes que rigen a los niveles inferiores. De este modo, Dios comunica sus propósitos a través de patrones de acontecimientos que se producen en el mundo, de tal manera que la historia de la evolución puede entenderse como la comunicación de un agente que expresa sus intenciones sin seguir un plan indeterminado: solo por amor. P. Clayton también defiende este tipo de causalidad mediante la idea del panenteísmo:

"Según el panenteísmo que defiendo, Dios puede actuar en cualquier parte del mundo de manera análoga a como nosotros actuamos en nuestros cuerpos. Al mismo tiempo, Dios también trasciende al mundo de manera análoga y seguirá existiendo una vez que el universo físico haya desaparecido"[176].

Para los seguidores de la teología del proceso como Whitehead, Dios es el fundamento primordial tanto del orden como de la novedad: Dios influye en el mundo, pero no lo determina. Su amor y respeto a la creación se manifiesta en que

---

[176] Citado por BARBOUR, I. G., *o. c.*, 245.

no interfiere en la autocreación de ningún ser ni en el desenlace final de los procesos evolutivos. Pero Dios sí es influido por los sucesos que tienen lugar en el mundo.

Dentro de este mismo pensamiento, otros autores como J. B. Cobb y D. R. Griffin expresan el carácter bipolar del teísmo del proceso definiendo a Dios como amor receptivo y creador. En cuanto amor creador, Dios es la fuente del orden y la novedad, identificada con el concepto bíblico de "logos". En cuanto amor receptivo, Dios es temporal y se ve afectado por lo que ocurre en el mundo. Dios llama a todos, pero cada persona responde de manera distinta. El poder del amor consiste en la capacidad de suscitar una respuesta respetando a la vez la integridad de los demás seres. Es más, se podría afirmar que un Dios que crea por amor necesita algún tipo de respuesta por parte del mundo creado y, especialmente, por parte de los seres humanos. Sin embargo, eso no significa que en nuestra relación con Dios veamos la satisfacción de nuestras propias necesidades de seguridad y autoestima, como si fueran una especie de recompensa que merezcamos. Dios nos ofrece su amor sin calcular las ganancias que puede obtener, sino con la humildad de saber que podemos rechazarlo. Esto puede llevar a una especie de controversia sobre el amor de Dios: por un lado, requiere la existencia de seres libres que le correspondan, mientras que, por otro lado, si existe esa exigencia, parece que los seres humanos no somos capaces de responder libremente a ese amor.

La solución a ese posible dilema puede ser múltiple, aunque lo más destacable es que en la creación Dios determina libremente el "tipo de Dios" que quiere ser. Así, ha elegido como un factor de su propia autodefinición, ser completado por el universo (o los universos) creado(s). Dios necesita al mundo porque elige libremente tener "necesidad", y no porque exista una necesidad intrínseca a la propia naturaleza. Dios necesita nuestro amor, porque es el Dios amoroso que ha decidido ser. Dios elige libremente necesitarnos como compañeros en la comunión del amor, lo cual permite entender la creación misma como un acto de kénosis en el que Dios renuncia voluntariamente a la autosuficiencia.

Todo esto significa que el mismo Dios nos invita a involucrarnos continuamente en una acción del propio ser divino, tomando parte en actos de amor y de justicia semejantes alas relaciones interpersonales. En ese lenguaje de participación, nos encontramos con el modelo de Dios como Trinidad. Si pensamos en Dios de un modo participativo, podemos decir que estamos implicados en movimientos de amor relacional. Como leemos en 1 Jn 4,16: "el que permanece en el amor permanece en Dios y Dios en él". En sentido trinitario, confesar que Dios es amor nos lleva a considerar que la acción creadora es, sobre todo, una acción del Espíritu Santo, al que se le ha considerado siempre como la fuerza unificadora del amor. De aquí que hoy se hable de la Trinidad como creadora de un universo en devenir. La historia entera de la evolución, la historia entera de la creación consiste en un continuo hacerse algo nuevo a partir de la nada relativa. Y este algo nuevo, nunca permanece inactivo. Así, el ser es un aspecto temporal del llegar a ser.

"Pero todo cuanto llega a ser, llega a ser gracias a que presenta una cierta similitud con Dios, por infinitesimal que ésta sea. Todo cuanto ha llegado a ser, existe porque comparte una cierta semejanza con Dios. En la perspectiva de la «creatio appellata», Dios llama a sí a los elementos, para que lleguen a ser más y más similares a Él... Pero si tomamos seriamente la

«analogía del llegar a ser», podemos decir con cierta confianza que esta creación, en sus estructuras de llegar a ser, es «ad similitudinem Trinitatis»[177].

Este sentido trinitario de la *creatio appellata* nos lo recuerda de alguna manera el Papa Francisco en su encíclica *Laudato si'*:

El mundo fue creado por las tres Personas como un único principio divino, pero cada una de ellas realiza esta obra común según su propiedad personal[178].

Y a continuación nos dice:

"Las Personas divinas son relaciones subsistentes, y el mundo, creado según el modelo divino, es una trama de relaciones... Esto no sólo nos invita a admirar las múltiples conexiones que existen entre las criaturas, sino que nos lleva a descubrir una clave de nuestra propia realización. Porque la persona humana más crece, más madura y más se santifica a medida que entra en relación, cuando sale de sí misma para vivir en comunión con Dios, con los demás y con todas las criaturas. Así asume en su propia existencia ese dinamismo trinitario que Dios ha impreso en ella desde su creación. Todo está conectado, y eso nos invita a madurar una espiritualidad de la solidaridad global que brota del misterio de la Trinidad"[179].

No hay otra forma de acercarse a la Trinidad para seguir el camino de la creación; sólo hay una ley, la ley del amor. La

---

[177] SCHMITZ-MOORMANN, K., *o. c.*, 225, 234.
[178] PAPA FRANCISCO, Carta encíclica *Laudato si'*, n° 238.
[179] *Ibid.*, n° 240.

creación sólo alcanzará su objetivo cuando el amor se convierta en la fuerza dominante que abra nuevas vías hacia el futuro. Sólo el camino del amor conducirá a la plenitud de la creación que ha sido invitada a participar de la vida trinitaria. Esta es la respuesta que Dios espera a su fiel llamada creativa del amor.

II:

EL CONCEPTO DE INVESTIGACIÓN

1.- Introducción: El concepto de investigación

El concepto de investigación es enormemente amplio, ya que se trata de una característica fundamental inherente a la propia condición humana. En una primera aproximación, podemos considerar la investigación como la profunda búsqueda de la verdad allá donde se encuentre, como la ejercitación de todas nuestras facultades en orden al logro de nuevos conocimientos, como el anhelo profundo de desvelar todo lo oculto, de explorar lo que permanece ignoto. Sin duda el hombre ha buscado desde siempre. Ha buscado continua y tenazmente, a la vez por necesidad y por el placer de encontrar. Pero ese esfuerzo permanecía ampliamente difuso, apenas era sentido por la masa humana, formulado y justificado por el común de la gente y prácticamente abandonado como un "hobby" a la iniciativa de algunos personajes originales. En pleno siglo XVIII, el investigador era considerado todavía como un curioso o como una variedad de filósofo. Sin embargo, en el siglo XIX, iluminado por el descubrimiento del tiempo, es decir, de la evolución global y persistente del universo, el hombre encontró por fin el secreto de la fuerza que, desde los orígenes, la impulsaba a investigar. Hasta entonces había seguido instintivamente, sin comprenderlo bien, el gusto innato que le inclinaba a explorar la naturaleza. A esta necesidad insuperable de conocer le había encontrado explicaciones diversas, provisionales. Por fin entonces podía definirla y justificarla ante su razón. No solamente saber por curiosidad, saber por saber, sino como muy bien decía Teilhard de Chardin:

> *"A pesar de todo lo que digan los pragmatistas a ultranza, los utilitarios, más que el pan y el bienestar material, lo que el Hombre busca a todo lo largo de su vida es el saber. La esencia misma de nuestra vida es tender no a ser mejor, sino a saber más. Pero un instinto más fuerte que todas las críticas de los escépticos y de los falsos sabios nos advierte que, para ser más, necesitamos, en principio, saber más"[180].*

Y, como en otra de sus obras especificaba:

> *"Saber para saber. Pero también y aún quizás más aún, saber para poder... Poder más para actuar más. Pero, finalmente, y por encima de todo, actuar más para llegar a ser más"[181]*

Si el universo entero está transido de la capacidad de invención, el hombre mucho más. El hombre es ese ser en perpetua búsqueda de su humanidad y del secreto que ella encubre, pero eso será siempre un enigma que forma parte de nuestra vida y con el que tendremos que aprender a convivir en nosotros, en los demás, en el mundo y respecto a Dios.

¿Cómo podemos interpretar el gran avance experimentado por la investigación en los últimos años? La respuesta nos la ofrece una vez más Teilhard de Chardin:

> *"Hemos de decidirnos a admitir, por la presión de los hechos, que el Hombre no está terminado todavía en la*

---

[180] TEILHARD DE CHARDIN, P., *Ciencia y Cristo*. Taurus, Madrid 1968, 44.
[181] TEILHARD DE CHARDIN, P., *El fenómeno humano*. Taurus, Madrid 1967, 301-302.

Naturaleza, no está todavía completamente creado, sino que, en nosotros y en torno a nosotros, sigue todavía en plena evolución... El hecho de que la Investigación invada cada vez más la actividad humana no es fantasía, ni moda, ni azar: se trata rotundamente de que el Hombre, al hacerse adulto, se ve irresistiblemente impulsado a tomar las riendas de la evolución de la Vida sobre la Tierra, y la Investigación es la expresión misma (en estado reflexivo) de ese esfuerzo evolutivo, no solamente para subsistir, sino también para ser más, no solamente para sobrevivir, sino para supervivir irreversiblemente"[182].

2.- El hombre y la investigación

La investigación, en general, ha tenido siempre una difícil relación con el hombre que es su creador. Por una parte, del hombre se sirve de la investigación y la utiliza para su progreso, pero eso conlleva una dependencia cada vez mayor de ella y de su propio avance. Por otra parte, la misma investigación pone de manifiesto de forma clara los graves daños que se pueden derivar de ella, tanto para el propio hombre como para su entorno. El que predomine un punto de vista o el contrario va a condicionar la posición que la humanidad o parte de ella tome frente a esta investigación. Aunque en España es conocido el desprecio o incluso el odio que algunos intelectuales de la llamada "Generación del 98" (Unamuno, Valle-Inclán, Azorín, etc.) profesaban contra la tecnología, lo cierto es que cada vez tiende a ser más aceptado el hecho de que la tendencia a la investigación es una característica innata del hombre.

---

[182] TEILHARD DE CHARDIN, P., *Ciencia y Cristo*. Taurus, Madrid 1968, 230-231.

Desde siempre, el hombre se ha distinguido de los animales por su capacidad de creación y de comunicación derivados del poder de su conciencia y de su imaginación. Por lo tanto, si admitimos la estrecha relación existente entre el avance tecnológico y lo humano, tendremos que aceptar la antigüedad de los procesos investigadores en el hombre. Sin embargo, este avance ha ocurrido a velocidades muy distintas a lo largo de la historia. Las pequeñas innovaciones tecnológicas tardaron, en general, varios siglos para su difusión, por lo que las llamadas "grandes revoluciones" han sido escasas.

La primera revolución industrial (1750-1850) llevó al hombre a una espiral de cambio y evolución como no había ocurrido en ocasiones anteriores, dando lugar a un mundo completamente distinto del que había existido antes. Las consecuencias de dicha revolución se vivieron intensamente durante los siglos XIX y XX. Lo que antes se consideraba una pura utopía, hoy se ha hecho realidad o está a punto de lograrse. El Dr. Castilla considera que hemos creado un mundo artificial del que dependemos inevitablemente para vivir[183], un mundo al que hemos llegado como consecuencia de utilizar tres habilidades o capacidades humanas: la capacidad para crear artefactos, la habilidad para fijarse objetivos externos al propio hombre y la capacidad para multiplicarse en todos los espacios y ambientes posibles. Es decir, hemos creado un mundo todavía profundamente humano, aunque artificial, porque ha surgido del propio hombre al dar libertad a su naturaleza y a sus características más profundas. Sin embargo, esa tecnología puede escapársele al hombre, rebelarse contra su creador, y poder tener consecuencias enormemente negativas para la humanidad en su conjunto. Hemos creado un mundo lleno de

---

[183] Cf. CASTILLA, A., Control social de la técnica. (Posibilidades ante un futuro post-humano del hombre): en BLANCH, A. (Ed.), *Nuevas tecnologías y futuro del hombre*. UPCO, Madrid 2003, 135-171.

riesgos y peligros, en el que sólo una parte de la humanidad accede a mejores formas de vida y a mayores niveles de bienestar, mientras que el resto queda cada vez más marginado, agrandándose las diferencias entre ambas partes.

De aquí las dos grandes posiciones que hoy día se suelen adoptar frente a los avances científicos y tecnológicos. Por una parte, aquellos que podríamos llamar optimistas, que reconociendo los efectos colaterales negativos del progreso, defienden que el desarrollo tecnológico es imprescindible para el crecimiento del nivel de vida de la humanidad, por lo que la respuesta a tales problemas es crear más y nuevas tecnologías en lugar de coartar o limitar tales avances. Por otra parte, los que podríamos llamar pesimistas proponen simplificar el estilo de vida, volviendo a cultivos naturales y al uso de energías alternativas, para lograr un desarrollo sostenible que proteja el medio ambiente y la biodiversidad de la naturaleza. No obstante, ese último grupo considera un deber inaplazable ampliar los límites de una alimentación saludable y un aumento de la calidad de vida a toda la población mundial.

Como hemos señalado anteriormente, la capacidad creadora del hombre es muy distinta de la de los animales. El hombre tiene la capacidad de objetivar, es decir, de enfrentarse con su entorno considerándolo como algo distinto de sí mismo, de considerar un estímulo no sólo en cuanto que le afecta, sino en su propia realidad. Este hecho le abre un infinito mundo de posibilidades de actuación.

Las cuatro preguntas típicas de Kant: ¿qué puedo conocer?, ¿qué me cabe esperar?, ¿qué debo hacer?, ¿qué es el hombre? se las sigue planteando el hombre de hoy y el científico de hoy. Fruto de su planteamiento y respuesta, el hombre de ciencia y la sociedad en general vive en una situación de profunda inquietud, relacionada con el posible desbordamiento de la propia tecnología humana. Los nuevos productos técnicos logrados en un momento determinado se van incorporando al mundo de la técnica y pasan a condicionar en buen grado los avances futuros.

Cuando, como resultado de una investigación, se crea un nuevo "artefacto" de cualquier tipo, va adquiriendo una mayor autonomía en su utilización y el proceso investigador se va haciendo cada vez más complejo y autónomo. Todo ello engrandece el hombre de ciencia, pero tiene el tremendo riesgo de que el propio hombre quede atrapado en esa cadena objetiva y pueda llegar a convertirse sólo en un instrumento de producción. El hombre, como sujeto y persona única e irrepetible, puede llegar a no significar nada. De este modo, el conflicto entre humanismo y tecnología se presenta en toda su crudeza. En la sociedad puramente tecnológica, el hombre real y concreto puede encontrarse perdido y aislado, desarraigado de su propio ser. Se considera a sí mismo como una pieza de la gran maquinaria que puede llevarle a cualquier parte.

La llamada crisis del pensamiento, el pensamiento débil o la postmodernidad han contribuido también a originar este marco de ideas: un mundo nuevo, que parece no saber a donde va aunque marcha muy deprisa y con total libertad. Si a lo largo de toda la historia el hombre ha vivido en la tensión entre tradición e innovación, la rapidez del cambio tecnológico actual está originando modificaciones muy importantes en todos los aspectos de la vida, creando la sensación de que el progreso científico y técnico controla al ser humano, en vez de ser éste quien controle su propia evolución a través del conocimiento y de la experiencia.

Por una parte, generalmente se acepta que el progreso de la ciencia y de la técnica es potencialmente infinito y de carácter ascendente. La infinitud de la tarea de la ciencia de basa tanto en la esencia de su objeto de conocimiento (la naturaleza), como en la del conocimiento mismo. Pero, como señala H. Jonas:

"el sujeto de este conocimiento ya no es el espíritu individual, sino cada vez más el «espíritu colectivo» de una sociedad que va acumulando saberes. Y aquí radica el precio propio del progreso científico, el precio a pagar por la calidad del saber. Se llama «especialización». Dado el enorme aumento de la materia del conocimiento, de sus divisiones y subdivisiones, y dados los métodos específicos desarrollados al respecto, se produce una fragmentación extrema del saber total disponible entre los científicos. Su participación creativa en el progreso, más aun, su real comprensión específica de la materia de que se ocupa, la paga el individuo con la renuncia a la posesión de todo excepto del estrecho marco de su competencia; a medida que crece el saber total, el saber del individuo es cada vez más parcial"[184].

---

[184] JONAS, H., *o. c.*, 270

3.- La investigación como continuación de la creación

Veamos ahora como podemos relacionar esta tendencia innata del hombre hacia la investigación con la colaboración en la obra del Creador bajo sus diferentes aspectos.

3.1.- La investigación y la "creatio continua"

Si consideramos este universo como un proceso de llegar a ser mediante la unión, hay que tener presente que los niveles más elevados del ser no se alcanzan a medida que la cantidad de materia es mayor, sino que, de hecho, la evolución ha tenido lugar contra todas las probabilidades aparentes, de manera que la materia realmente importante presenta rasgos de una cierta rareza. Este es el caso de la conciencia, que aparece como algo insólito en el universo. Pues bien, el ser humano dotado de esa conciencia es el punto más alto del proceso evolutivo o, si lo queremos expresar con otras palabras, de la *creatio continua*. Somos los únicos seres vivos que conocemos los motivos de nuestras acciones, por lo que la supervivencia del planeta vivo dependerá de las decisiones de los hombres. Por lo que hasta ahora conocemos, ninguna otra especie de ser vivo puede asumir esa responsabilidad.

Como decíamos antes, desde una visión antropológica de la creación, si toda ella está llena de una capacidad para la invención, el hombre lo está mucho más. Como muy bien lo expresa A. Gesché[185]:

"creado creador, el hombre tiene la misión de culminar el anhelo de la creación entera. Tal es su estatuto. El derecho y el deber de una libertad de invención, él los va a ejercer en una triple dirección: con respecto al cosmos, a sí mismo y a Dios".

a) <u>Respecto al cosmos</u>. El descanso de Dios en el séptimo día de la creación sugiere que, en adelante, otro toma su relevo como creador. Dios le pasa el relevo a Adán cuando le encarga que le ponga el nombre a todas las cosas. Por otra parte, Dios puso a Adán en el jardín para que lo trabajara y no sólo para que lo contemplara, lo cual sugiere que la creación es inmediatamente confiada al hombre. Y la idea de trabajo indica invención, no sólo gestión de algo ya acabado. La creación no estaba acabada, sino que necesitaba que otro actuara como co-creador. El mundo no está totalmente hecho. Dios nos deja la responsabilidad de acabarlo. Dios creó la creación como algo que tiene que seguir siendo inventado, y donde el hombre tiene que desempeñar su misión de co-creador, dándole todo su sentido.

Los dos relatos bíblicos sobre la creación expresan perfectamente la relación entre el hombre y la naturaleza. En el relato yahvista, el trabajo humano no es consecuencia del

---

[185] GESCHÉ, A., *o. c.*, 75

pecado sino un reconocimiento de la afinidad del hombre con la tierra; es el encargo divino de proseguir la creación dentro de una convivencia pacífica de todos los seres creados. En el relato sacerdotal, la relación entre el hombre y el mundo se presenta considerando al primero como imagen de Dios y, en cuanto tal, recibe el dominio sobre la tierra y los seres vivos. Tal como lo entendían los redactores, el encargo de dominar la tierra es como un señorío regio: como un rey preside a Israel, el hombre tiene que presidir la creación. Ese dominio tiende a la liberación y no a la sujeción de los demás seres vivos, dentro del espíritu de armonía universal que conlleva la bendición de Dios.

Recordando las analogías y diferencias entre los dos relatos de la creación, sí es importante reseñar que el relato yahvista, (Gn 2,4b-25), mucho más antiguo que el sacerdotal, no se refiere fundamentalmente a la creación del mundo sino a la del hombre, tal como sucedía en las antiguas tradiciones. Siguiendo a J. L. Ruiz de la Peña podemos presentar el siguiente resumen:

"Crear al hombre, en efecto, no es sólo dar vida a un ser humano (v.7); es también establecer su entorno físico (descripción del paraíso) (vv.8ss), asignarle una tarea como ser activo (v.15), recordarle su responsabilidad frente Dios (vv.16-17) y, sobre todo, con su tú más próximo, la mujer (vv.21-24)"[186].

Por lo que ahora nos interesa, el v.15 describe que "tomó Dios al hombre y lo puso en el jardín del Edén, para que lo cultivase y lo cuidase", es decir, al contrario de la interpretación helenista del paraíso como lugar de no-trabajo, aquí se considera ese paraíso como el espacio de la laboriosidad humana; el sitio donde el hombre tiene que desarrollar su presencia activa en el

---

[186] RUIZ DE LA PEÑA, J. L., *Imagen de Dios. Antropología teológica fundamental*, Sal Terrae, Santander 1988, 28.

mundo, sin que eso signifique nada negativo, sino todo lo contrario. Por otra parte, los verbos cultivar y cuidar tienen un carácter complementario ya que trabajando la tierra (cultivándola) mantiene su integridad (cuidándola) para que cumpla el destino para la que ha sido creada. Asimismo, considerándolo en sentido opuesto, el cuidado de la tierra se hace cultivándola, es decir, no dejándola estéril y sin que produzca frutos. Por eso no se puede decir que la Biblia propone un dominio total y absoluto sobre la tierra, sino que en este relato tenemos el fundamento de la ecología, en el sentido de confiarle al hombre una naturaleza de la que tiene que ser su tutor y no su destructor.

Sin embargo, el relato sacerdotal (Gn 1,26-2,4a) sigue un esquema cosmogónico muy parecido al que se puede observar en los poemas egipcios, sumerios, fenicios y caldeos, culturas semejantes a la de Israel en su tiempo, y basados en mitos más o menos populares, pero destacando siempre la cercanía del Dios creador con su pueblo elegido. Por ceñirnos al tema que estamos tratando, podemos decir que el relato llega a su culminación con la creación del hombre como imagen de Dios (vv.26-30):

"El encargo que se le confiere al hombre (representar a su creador en cuanto imagen suya; ejercer en su nombre un dominio señorial y unas tareas de gobierno sobre le resto de la realidad creada) otorga a la doctrina creacionista bíblica un carácter de novedad revolucionaria; la creación se corona con el surgimiento de un concreador; el mundo salido de las manos de Dios no es una magnitud cerrada y conclusa; más bien pasa ahora a manos del hombre para que éste lo perfeccione y dirija hacia su fin"[187].

---

[187] RUIZ DE LA PEÑA, J. L., *Teología de la creación*, Sal Terrae, Santander 1988, 45.

La creación del hombre a imagen y semejanza de Dios también presenta problemas de interpretación que se salen de los límites de este trabajo. Sin embargo, es de resaltar que en las culturas mesopotámicas se suele atribuir al hombre el sentido de imagen de Dios, considerando la función de la imagen como la de representar o hacer presente lo imaginado. Por eso, en cuanto imagen de Dios, el hombre tiene una función representativa de Dios en la creación, presidiendo y gobernando a los seres creados por delegación de su creador. Por lo tanto, las acciones del hombre (y entre ellas la investigación), son responsables de la buena marcha de la creación.

Por último, como hemos visto antes, el descanso del sábado señala que Dios confía en el hombre para proseguir la creación. A partir de entonces, el poder creador de Dios pasa de algún modo por la mediación del hombre que es su imagen. El mundo no está completamente acabado; si esa perfección existiera ya, la vida del hombre no tendría sentido. El mundo espera al hombre creado creador para que le dé todo su sentido. Por eso, para San Agustín, el "dies natalis" de la creación es el séptimo, no el primero.

<u>b) Respecto a sí mismo.</u> El hombre no sólo actúa como creador respecto al cosmos, sino que también lo es respecto a sí mismo. Así se ha dicho que el hombre, por su propia estructura, es el único ser que toma parte en su creación. Gran parte de este pensamiento se debe a ciertos filósofos que, para negar a Dios, le transfieren al hombre las competencias divinas en relación con todo el universo. Así, podemos señalar como Feuerbarch, a la vez que rechaza la *creatio ex nihilo* por Dios, encumbra al hombre como el nuevo demiurgo, constructor omnipotente de todo lo que le rodea:

"El creador del mundo es el hombre, que, mediante la demostración o la conciencia de que el mundo ha sido creado, de que es obra de su voluntad, es decir, de que es dependiente, impotente y nulo, se da la certeza de su propia importancia, verdad e infinitud"[188].

Para Marx, un ser no es subsistente más que si debe su existencia únicamente a sí mismo. Por lo tanto, para ser consistente y autónomo, el hombre no puede deber a nadie su existencia sino que tiene que hacerse a sí mismo. Como término de este proceso de autocreación surge el comunismo como la única solución para resolver el conflicto entre el hombre y el hombre.

En el fondo de esta visión marxista, lo que hay es un miedo tremendo a que la relación de dependencia del hombre respecto a Dios acabe con la propia consistencia del hombre, liquide su autonomía de su libertad y coarte su capacidad operativa, al modo de Zeus y Prometeo de la metafísica griega: para Prometeo, la dependencia de Zeus lleva consigo la alienación del propio ser. Pero el modelo bíblico de la relación Dios-hombre no es ese. Yahvé no es un Dios celoso como Zeus, sino el Dios de la alianza y Adán no es Prometeo como rival de Dios sino su propia imagen.

"La dependencia del creador no conlleva la esclavitud de la criatura, sino su liberación. La actividad de la criatura no es un atentado contra la obra del creador, sino una prolongación de dicha obra, prevista y querida por el propio creador"[189].

---

[188] FEUERBACH, L., *La esencia del cristianismo*, Sígueme, Salamanca 1975, 144.
[189] RUIZ DE LA PEÑA, J. L., *Teología de la creación*, Sal Terrae, Santander 1988, 133.

La fe cristiana en el papel del hombre en la creación tiene un sentido contrario, ya que contribuye a estimular al hombre para que forme la gran familia humana. Nosotros hemos sido puestos en el ser por Dios para llegar a ser lo que somos. Esta es la importancia del haber sido hechos así. Hemos recibido una propuesta divina. La libertad creadora de Dios llega hasta a confiarnos a nosotros mismos en nuestras manos. Por eso, el hombre es un ser moral. Su libertad no la ejerce sólo frente al universo y a las cosas, sino también en su propio universo. Puesto que la libertad está unida a la creación, un creador libre no puede hacer cualquier cosa. Eso sería libertinaje. La libertad humana es una libertad que conlleva la responsabilidad creadora, la fuerza para inventar lo mejor en vistas a su propia realización.

Puesto que esta libertad le ha sido dada por Dios, el hombre no debe tener miedo a ella. Al contrario, como es un don dado sin condiciones, constituye una vocación a ser creadora e inventiva. El hombre ha sido creado autónomo, no autómata, con una autonomía que procede de Dios. Por eso podemos decir que tenemos una vocación creadora e inventiva: por haber sido creados co-creadores, hemos de crearnos a nosotros mismos, hemos de co-engendrarnos.

<u>c) Respecto a Dios</u>. Esto parece más fuerte, pero es así como el hombre adquiere su auténtica medida. Para E. Levinas[190], es ciertamente una gran gloria para el Creador haber puesto en pie a un ser capaz del ateismo. Pero no se trata de una negación de Dios, sino de una separación, de una distinción resultado del acto creador.

Según la idea judeocristiana sobre la creación, Dios se ha contraído en el acto creador, se ha hecho sujeto de una kénosis

---

[190] Cf. LEVINAS, E., *Totalidad e infinito*, Sígueme, Salamanca 2002.

de tal forma que más que dominar a las criaturas y a las energías de la naturaleza colabora sutilmente con ellas en la *creatio continua*, actuando como un Dios persuasivo más que como un Dios coercitivo.

> *"Hay establecido en la creación un espacio que significa el derecho y la vocación de inventar y crear. Derecho y vocación que se ejerce incluso en la relación del hombre con Dios... ¡Increíble grandeza de un Dios de kénosis! El pensamiento judío lo había comprendido a propósito de la alianza (que asocia estrechamente a la creación)... Dando un paso más, uno se preguntaría, con la audacia que proporciona la analogía, si el hombre no habrá recibido la misión de «ek-sistire» a Dios... Como si la suerte misma de Dios se nos hubiese confiado a nosotros"[191].*

Peacocke habla, en este sentido, de la autolimitación de un Dios que sufre con el mundo. Como hemos señalado antes, en una obra coordinada por J. Polkinghorne se destaca cómo Dios no ha querido imponerse, sino que ha aceptado la kénosis de sí mismo en la creación, creando un universo ambiguo en el que el hombre deberá construir su vida libre y creativamente.

> *"La teología cristiana lleva ya mucho tiempo atribuyendo a Dios autolimitación en la noción misma de que Dios crea algo distinto de Él y a ese algo le da Él cierto grado de autonomía... Ahora, reflexionando sobre los procesos creativos de la evolución biológica, podemos empezar a comprender que la autolimitación divina implicaba un compromiso costoso y sufriente con*

---

[191] GESCHÉ, A., *o. c.*, 86-87.

las creaturas en orden a su realización definitiva de los designios divinos y su consumación definitiva" [192].

En el mismo libro, J. Polkinghorne se plantea los cambios que vienen produciéndose desde el siglo XVIII en la explicación del mundo físico y biológico, destacando las repercusiones que estos cambios científicos han tenido sobre la teología y sus diferencias con la teología clásica respecto a la creación y a la acción divina.

"El mundo evolutivo se ha de entender teológicamente como una creación a la que su Creador le permite «hacerse a sí misma». La obra escénica de la vida no es la representación de un guión predeterminado, sino una actuación que los actores mismos van improvisando libremente" [193].

Compartir kenoticamente el poder tiene también consecuencias importantes para la teodicea, ya que no podemos seguir manteniendo la idea de que Dios es el único responsable directo de todo lo que ocurre en el mundo. Como hemos señalado antes, cuando a este mundo se la ha permitido hacerse a sí mismo, eso conlleva un costo inevitable, sin que ello signifique que Dios sea indiferente o incompetente frente a lo que ocurre en la *creatio continua*. En resumen, en la misma obra este autor considera varios tipos de kénosis que pueden darse en la relación amorosa de Dios con la creación:

<u>1.- Kénosis de la omnipotencia.</u> Es el aspecto más fácilmente reconocido y se refiere a que si bien Dios permite todo lo que sucede en el universo, no todo ello está de acuerdo con la voluntad divina o es causado por la providencia especial de

---

[192] PEACOCKE, A., "El coste de la nueva vida", en: POLKINGHORNE, J., (Coord.), *o. c.*, 65.
[193] POLKINGHORNE, J., "Creación kenótica y acción divina", en: POLKINGHORNE, J., (Coord.), *o. c.*, 132.

Dios, sino que Dios permite que ocurran ciertos males autolimitándose para dejar espacio causal a las creaturas.

2.- <u>Kénosis de la simple eternidad.</u> Aunque Dios no ha perdido su naturaleza intemporal y eterna, ha asumido libremente la experiencia del tiempo. Esta idea, que parece ser contraria a la teología clásica en la que Dios está fuera del tiempo, ha sido aceptada por la mayoría de los teólogos procesuales que estiman que el tiempo es una realidad para el Creador lo mismo que para la creación.

> *"A esta divina aceptación de lo temporal puede llamársela propiamente «kénosis», puesto que el Eterno ha asumido libremente la experiencia del tiempo. En consecuencia, a muchos teólogos contemporáneos les ha gustado hablar del Dios bipolar de la eternidad y del tiempo"*[194].

3.- <u>Kénosis de la omnisciencia.</u> Si consideramos al universo como algo en devenir, abierto a un futuro dependiente de la ley natural, la acción del hombre y la providencia divina, ese universo es por sí mismo temporal. Si el futuro no existe todavía, Dios mismo no lo conoce, lo cual representa una kénosis de la omnisciencia divina, asumida y no impuesta desde fuera.

También en el mismo libro, G. F. R. Ellis considera que el diseño del universo es kenótico: Dios ha renunciado a imponer su presencia ocultándose, pero no de una manera absoluta ya que hay un equilibrio entre ocultamiento y manifestación que hace posible que los seres humanos puedan acceder libremente a Dios.

---

[194] *Ibid.*, 142.

"El mundo creado no lo domina Dios mismo vigilándolo estrechamente y exigiendo obediencia so pena de castigos,... ni es dominado el mundo mediante explícitas señales de la actividad divina, que forzarían a todos a creer en la existencia y la naturaleza de Dios... Por lo tanto se requiere que la naturaleza de Dios y su actividad creadora permanezcan en gran parte ocultas, de modo que sea posible dudar de ellas... Hay evidencia suficiente para tener conocimiento de la existencia de Dios y alguna noción de su voluntad, pero esta evidencia no es coercitiva"[195].

Este modo de actuar de Dios es completamente voluntario, porque es la única forma en que los hombres dotados de libre voluntad den una respuesta libre y amorosa. Eso significa que el hombre tiene una libertad creadora y no sólo una capacidad para imitar, que el hombre ha sido pensado para ejercer su vocación de libertad como el sentido y el objetivo de su existencia.

En resumen, el hombre no ha sido simplemente causado sino que ha sido creado causa. El hombre ha sido creado para crear, con el deber de cumplir así su función de creatura. Podemos decir que la evolución espera al hombre creado creador para que le de todo su sentido. Esta es su grandeza.

3.2.- La investigación y la "creatio libera"

Pasemos ahora a plantearnos un posible interrogante. El hombre creado co-creador ¿puede actuar con total libertad frente a su Creador o está subordinado a la voluntad de Dios? Como hemos

---

[195] ELLIS, G. F. R., "La kénosis como tema unificador de la vida y la cosmología", en: POLKINGHORNE, J. (Coord.), *o. c.*, 157-158.

visto anteriormente, el ha sido pensado y puesto en el mundo para ejercer su vocación de libertad y el objetivo de su existencia. Pero se trata de una libertad creadora y no simplemente la capacidad de imitar. La libertad creadora es mucho más que una simple libertad. Es una libertad de pleno derecho y de pleno deber, es una libertad constructora, no simplemente imitadora.

Desde siempre, los diferentes "poderes" han intentado dominar el conocimiento y su transmisión. Pero a partir del siglo XVII se produjo un notable cambio en Occidente al ir tomando cuerpo el llamado principio de tolerancia[196] según el cual las creencias de todos los hombres son en principio respetables, sin que nadie pueda imponer por la fuerza sus convicciones o castigar a los que no aceptan su credo. De la misma manera, se fue elaborando la doctrina de los derechos humanos, aquellos derechos inherentes al hombre y que no pueden ser coartados, salvo excepciones, ni por el propio Estado.

Uno de los primeros ejemplos de este reconocimiento es la obra de John Locke en la que recoge los derechos civiles y políticos:

"El estado natural tiene una ley natural por la que gobierna, y esa ley obliga a todos. La razón, que coincide con esa ley, enseña a cuantos seres humanos quieren consultarla que, siendo iguales e independientes, nadie debe dañar a otro en su vida, salud, libertad o posesiones"[197].

La Declaración Universal de los Derechos Humanos de 1948 recoge expresamente que:

---

[196] Cf. KAMEN, H. *Nacimiento y desarrollo de la tolerancia en la Europa moderna.* Alianza, Madrid 1987.
[197] LOCKE, J. *Ensayo sobre el gobierno civil.* Orbis, Barcelona 1985, 26

*"Todo individuo tiene derecho a la libertad de opinión y expresión; este derecho incluye el de no ser molestado a causa de sus opiniones, el de **investigar**, y el recibir información y opiniones y el de difundirlas, sin limitación de fronteras, por cualquier modo de expresión"* (art. 19).

El contenido de estos artículos fue posteriormente ampliado y matizado por el Pacto Internacional de Derechos Civiles y Políticos de 19 de Diciembre de1966:

"Toda persona tiene derecho a la libertad de pensamiento, de conciencia y de religión; este derecho incluye la libertad de tener o adoptar la religión o las creencias de su elección..." (art. 18).

La Constitución Española también reconoce estos derechos al señalar en su art. 20 que:

"1. Se reconocen y protegen los derechos:
a) A expresar y difundir libremente los pensamientos, ideas y opiniones mediante la palabra, el escrito o cualquier otro medio de reproducción.
*b) A la producción y creación literaria, artística, **científica** y técnica.*
c) A la libertad de cátedra.
d) A comunicar o recibir libremente información veraz por cualquier medio de difusión. La ley regulará el derecho a la cláusula de conciencia y al secreto profesional en el ejercicio de estas libertades.

Diversos Congresos y otras instituciones políticas de numerosos países se han pronunciado igualmente a favor del derecho a la investigación, sin más cortapisas que las impuestas por el autocontrol del propio investigador y el respeto a los derechos de los demás, si bien se reconoce la necesidad de una regulación a nivel internacional en temas de posible aplicación universal.

De ello se deduce que la libertad de investigación es un derecho humano fundamental, uno de los llamados derechos civiles y políticos, y en tanto que tal, primario e inviolable. De aquí que la defensa de la libertad de investigación sea el primer imperativo del "ethos" de un investigador, ya que estará defendiendo, en último extremo, un patrimonio de la humanidad.

La naturaleza bipolar de la moderna investigación (hacia lo bueno y hacia lo malo) ha lanzado la pregunta de si el mundo, dominado por el hombre hasta ese punto, es más humano o, por el contrario, esa investigación revierte contra el mismo hombre. El gran interrogante es si el proyecto de dominio humano del mundo se ha convertido en un dominio de la Ciencia sobre el mismo hombre.

Todo lo anterior pone de manifiesto la necesidad, profundamente sentida por la sociedad actual, de una entidad supranacional que puede controlar con suficiente poder su propia capacidad de investigación y de desarrollo. Ya A. Einstein y J. R. Oppenheimer, dos de los científicos más implicados en las armas nucleares, se expresaron de este modo a finales de los años cuarenta del siglo pasado, aunque consideraron poco posible su realización. En la década posterior, numerosos científicos e intelectuales firmaron distintos manifiestos exigiendo la constitución de una autoridad supranacional que controlara las armas nucleares y las experiencias de esta naturaleza[198]. Así, en 1956, K. Jaspers[199] proponía la renuncia por parte de los Estados a su soberanía en estos campos a favor de una autoridad supraestatal dotada de un poder absoluto, incluso sobre los propios Estados, siendo consciente de que esta propuesta podría ser considerada como una pura utopía:

> *"Como la mayoría de los hombres desea la paz, los hombres de Estado también formulan hoy principios de paz. Pero son precisamente los opuestos a los que necesita la verdadera paz mundial. Hoy se considera inviolable lo siguiente: la soberanía absoluta de cada Estado... la igualdad de derecho de todos en la arbitrariedad..."[200].*

Por este motivo, Jaspers consideraba que los Estados están deslegitimados tanto moral como políticamente, deslegitimación que hoy se vuelve a manifestar en cuestiones como las relacionadas con las investigaciones biotecnológicas, etc. Si en los siglos XVII y XVIII la legitimación de la democracia se basaba en su superioridad moral sobre otras formas de Estado como la oligarquía o la tiranía, hoy la cuestión se plantea en cómo debe entenderse la vida democrática para que pueda considerarse éticamente correcta en una sociedad globalizada, en la que las acciones de unos hombres pueden influir decisivamente en la vida de los demás, tanto presentes como futuros.

El Prof. Diego Gracia[201] considera que la legitimación de la democracia ya no puede hacerse probando su superioridad sobre

---

[198] Cf. WEIZSÄCKER, C. F. von, *La responsabilidad de la ciencia en la Edad Atómica*, Taurus, Madrid 1959.

[199] Cf. JASPERS, K., *La bomba atómica y el futuro del hombre*, Taurus, Madrid, 1958.

[200] *Ibid.,* 17-18

[201] Cf. GRACIA, D., Hechos biológicos y derechos humanos: En torno a las responsabilidades con las futuras generaciones: en Conversaciones de Montepríncipe, *Los derechos de las nuevas generaciones*. Fundación Universitaria San Pablo, Madrid 1990, 27-45; Libertad de investigación y biotecnología: en GAFO, J. (Ed.), *Ética y biotecnología*. UPCO, Madrid 1993, 13-29.

los sistemas políticos anteriores, sino teniendo en cuenta los intereses de toda la humanidad, presente y futura, ya que las decisiones que se tomen en los temas actuales de investigación pueden afectar al presente y al futuro de la humanidad sobre la Tierra. Las legitimaciones clásicas de la democracia no sirven actualmente, por poco democráticas. De hecho, cada generación de derechos humanos nació para legitimar un sistema democrático[202]. Así, se ha propuesto que los derechos civiles y políticos, los llamados "derechos humanos de primera generación" sirvieron para legitimar la democracia frente al Estado absolutista. Esta democracia liberal no trajo la justicia a los pueblos, sino que legitimó el dominio de una clase social, la burguesía, sobre las demás. De aquí que en el siglo XIX se sintiera la necesidad de dar un paso más, introduciendo una nueva tabla de derechos humanos, los derechos económicos, sociales y culturales, que se llamaron "derechos humanos de segunda generación" o derechos de crédito, cuya función fue la de compensar el sistema de libertades formales con una serie de medidas cuyo objetivo era conseguir una mayor igualdad de bienes. De esta forma, el Estado liberal se transformó en Estado social[203].

El Prof. Gracia considera que hay que dar un paso más. Hay que ir hacia un Estado real, basado en la democracia real y no sólo en la democracia liberal o social. La crisis de legitimidad de nuestra democracia se debe a que es poco democrática; es formal y materialmente democrática, pero no realmente democrática, ya que el pueblo no es el sujeto verdaderamente real de esa democracia. Esto significa que las decisiones democráticas no serán nunca verdaderamente representativas más que cuando

---

[202] Cf. ARTOLA, M. *Los derechos del hombre*. Alianza, Madrid 1986.
[203] Cf. ARA PINILLA, I. Los derechos humanos de la tercera generación en la dinámica de la legitimidad democrática: en PECES-BARBA, G. (Dir.), *El fundamento de los derechos humanos*. Debate, Madrid 1989, 57-65

tengan en cuenta a todos los seres humanos, es decir, la comunidad real de comunicación[204].

De este planteamiento, basado en la legitimidad de los sistemas democráticos sólo cuando tienen en cuenta a la totalidad de los seres humanos, se derivan los llamados "derechos humanos de tercera generación", también llamados derechos ecológicos, que son aquellos que tienen todos los seres humanos, presentes y futuros, sobre el medio ambiente y sobre las condiciones de vida.

No obstante, en 1972 la Declaración de Estocolmo de la ONU establecía que:

"El hombre tiene el derecho fundamental a la libertad, a la igualdad y a condiciones adecuadas de vida en un medio ambiente de una calidad tal que permita una vida de dignidad y bienestar"[205].

De esta forma intentaba definir el derecho de todos los hombres a una calidad de vida, pero no sólo de los individuos actuales sino también los de las generaciones venideras. En el mismo sentido, la Comisión Mundial del Medio Ambiente y del Desarrollo recomendaba que:

"Los Estados deberán conservar y utilizar el medio ambiente y los recursos naturales para beneficio de la presente y de las futuras generaciones"[206].

---

[204] Cf. HABERMAS, J. *Conciencia moral y acción comunicativa.* Península, Barcelona 1985; *Escritos sobre moralidad y eticidad.* Paidós, Barcelona 1991.

[205] NACIONES UNIDAS, *Report of the United Nations Conference on the Human Environment,* (Documento A/Conf. 48/14/Rev. 1, cap. 1) Nueva York 1972.

[206] COMISIÓN MUNDIAL DEL MEDIO AMBIENTE Y DEL DESARROLLO, *Nuestro futuro común.* Alianza, Madrid 1988, 405.

Los derechos ecológicos son, por lo tanto, un nuevo tipo de derechos humanos, que intentan defender el derecho de las generaciones futuras a disfrutar de una vida digna y adecuada. Se ha dicho que:

"Desde un punto de vista puramente formal, no hay duda de que estos derechos caen en el absurdo. ¿Cómo puede afirmarse que quienes no tienen ningún tipo de existencia real pueden ser sujetos de derechos? Si ya es difícil justificar la existencia de otros derechos humanos, los civiles y políticos y los económicos, sociales y culturales, la fundamentación jurídica de los derechos ecológicos resulta casi desesperada"[207].

Probablemente, en su famoso imperativo categórico, Kant incluía en toda la humanidad al conjunto de los seres vivos existentes en un determinado momento, pero no a los muertos ni a los no nacidos, a pesar de su reconocida sensibilidad hacia las generaciones futuras. En la actualidad, la importancia de estas generaciones futuras es máxima. Esto significa, entre otras cosas, que proteger el mundo de hoy para que las condiciones de su existencia permanezcan intactas lleva consigo protegerlo, en su vulnerabilidad, contra cualquier amenaza que puedan modificar tales condiciones. Por este motivo, H. Jonas[208] considera que en el imperativo categórico de Kant hemos de introducir no sólo a la Humanidad presente sino también a la futura. De este modo escribe:

"Un imperativo que se adecuara al nuevo tipo de acciones humanas y estuviera dirigido al nuevo tipo de sujetos de la acción diría algo así como: «Obra de tal

---

[207] GRACIA, D., *Libertad de investigación y biotecnología*, en GAFO, J. (Ed.), *Ética y biotecnología*. UPCO, Madrid 1993, 26.
[208] JONAS, H., *o. c.*, 39-40.

modo que los efectos de tu acción sean compatibles con la permanencia de una vida auténtica en la Tierra»; o, expresado negativamente: «Obra de tal modo que los efectos de tu acción no sean destructivos para la futura posibilidad de esa vida»; o, simplemente: «No pongas en peligro las condiciones de la continuidad indefinida de la humanidad en la Tierra»; o, formulado una vez más positivamente: «Incluye en tu elección presente, como objeto también de tu querer, la futura integridad del hombre".

Lo formulemos de un modo o de otro, el que podíamos llamar "imperativo categórico de Jonas" nos dice que, si hasta ahora los seres humanos teníamos que responder de lo que hacemos en el presente y de lo que hicimos en el pasado, en este momento y por vez primera en la historia, el hombre debe tener un concepto de dignidad inclusivo del futuro en sus acciones. Hemos de responder dignamente y globalmente de nuestras elecciones morales. Las generaciones futuras son parte de nuestra comunidad moral, aunque sólo como un futuro anterior, o como participantes virtuales. El mismo Jonas explicitaba su imperativo con las siguientes palabras:

"El nuevo imperativo dice precisamente que nos es lícito, en efecto, arriesgar nuestra vida, pero que no nos es lícito arriesgar la vida de la humanidad... Nosotros no tenemos derecho a elegir y ni siquiera a arriesgar el no ser de las generaciones futuras por causa del ser de la actual... Es evidente, por otra parte, que el nuevo imperativo se dirige más a la política pública que al comportamiento privado, pues éste no constituye la dimensión causal en la que tal imperativo es aplicable... El nuevo imperativo apela a otro tipo de concordancia;

no a la del acto consigo mismo, sino a la concordancia de sus efectos últimos con la continuidad de la actividad humana en el futuro"[209].

Como vemos, el derecho a la libertad de investigación no puede ser ilimitado. A medida que van avanzando los conocimientos científicos y de todo tipo se va haciendo más necesaria una reflexión personal que intente, no detenerla, sino ponerla al servicio del propio hombre. Para muchos autores, existe una cierta pasividad por parte de Dios, lo cual parece originar un mundo menos fiable que el mundo perfectamente controlado por Dios mediante una cadena de "causas segundas", como se consideraba en la Edad Media. Ante esa situación, se puede llegar a pedir una mayor necesidad de predeterminación y predestinación por parte de Dios. La *creatio libera*, como modo de creación divina de un universo en evolución, nos indica que Dios ha renunciado a ejercer su poder sobre el libre albedrío humano.

Nos encontramos así con que la libertad de investigación dada al hombre conduce toda la creación de tal modo que Dios parece haber eliminado cualquier presión que lleve a la evolución en un determinado sentido. Siguiendo de nuevo a Schmitz-Moormann[210],

"Lo mínimo que podríamos decir es que el Creador parece mucho más interesado en su deseo de ver que la libertad evolucione libremente que en imponer su voluntad sobre la creación. Es entonces cuando comienza a cobrar sentido la enorme cantidad de desechos que hay en el universo".

---

[209] *Ibid.* 40-41
[210] SCHMITZ-MOORMANN, K., *o. c.*, 250.

La *creatio libera* fue más importante para el Creador que el hecho de imponer su voluntad ordenándolo todo, de tal modo que asumió la aparición del mal en la evolución para que la libertad pudiera alcanzar el nivel de la libertad humana, puesta de manifiesto en su colaboración en esa misma creación. Por eso, hoy día se tiende a considerar como algo inevitable la relación entre la creación orientada hacia la libertad y la aparición del mal.

En efecto, todo progreso lleva consigo alguna forma de dominio y, por lo tanto, de señorío del hombre sobre su entorno. Los grandes avances en la moderna investigación están presentando al hombre de ciencia dos alternativas extremas: ponerla al servicio de la dignidad de las personas o conducir a un antihumanismo de corte tecnocrático. Y es en la posibilidad que el hombre tiene de elegir entre esos dos polos tomando decisiones libres donde se expresa de modo más claro el dominio específicamente humano, es decir, donde se define el hombre como señor y como dueño de sus propios actos, de tal modo que los ponga al servicio de las mejores posibilidades de elección.

Sin embargo, nadie propone la detención de este proceso. Seguir adelante con el progreso de la creación es un deber sagrado y tendremos que pagar el precio necesario. Pero teniendo en cuenta que pueden llegar a darse las circunstancias en que eventualmente pueda no ser deseado tanto progreso. Existe el temor de que progreso de la tecnología pase de ser un simple medio a convertirse en el fin, en la meta, y que la conquista de la naturaleza pase a ser la vocación esencial de la humanidad, con lo que el "Homo faber" se colocaría por encima del "Homo sapiens".

El papa Francisco, en su reciente encíclica *Laudato si'* nos lo dice muy claramente:

"No es posible frenar la creatividad humana. Si no se puede prohibir a un artista el despliegue de su capacidad creadora, tampoco se puede inhabilitar a quienes tienen especiales dones para el desarrollo científico y tecnológico, cuyas capacidades han sido donadas por Dios para el servicio a los demás. Al mismo tiempo, no pueden dejar de replantearse los objetivos, los efectos, el contexto y los límites éticos de esa actividad humana que es una forma de poder con altos riesgos"[211].

De todo lo anterior se desprende que, en cierta manera, el control de la libertad de investigación, especialmente de la científica y técnica, es hoy una indudable necesidad. Y no solamente porque sabemos que tenemos la posibilidad de autodestruirnos o de dejar a las futuras generaciones un mundo inhabitable, sino porque somos conscientes de que, teniendo los medios necesarios para ello, no estamos acabando con situaciones humanas de la más absoluta injusticia, como el hambre, las pandemias, etc., y porque sabemos que determinados avances sólo nos proporcionan mayor confort u ocio, pero a costa de seguir perdiendo valores humanos importantes, que nos están empobreciendo continuamente como personas. Porque no es lo mismo progreso material que progreso humano. Para alcanzar un deseable equilibrio se exige someter al proceso de evolución técnica al control de los proyectos que queremos realizar para conseguir un mundo más justo, un desarrollo sostenible y una condición humana que no renuncie a sus vocaciones más profundas.

---

[211] PAPA FRANCISCO, Carta encíclica *Laudato si'*, nº 131.

3.3.- La investigación y la "creatio appellata"

Tal como acabamos de ver, Dios no se autoimpone a sus creaturas. La llamada a salir de la nada con la que Dios crea el universo no produce a las creaturas ya completamente formadas, pero produce todos los elementos necesarios para ello, de tal manera que Dios provoca que se unan pero no de una forma dominante, sino ofreciéndose desde su propio interior, de tal manera que en ausencia de la *creatio appellata* considerada como la llamada divina en la creación, los elementos retrocederían hacia la nada. Es lo que en las relaciones humanas llamamos amor, el ofrecimiento libre de uno mismo sin imponer condiciones.

Como hemos repetido en diversas ocasiones, Dios crea al hombre como co-creador, pero crea a cada ser humano desde el amor y la confianza en su respuesta. Además, al crear al hombre a su imagen, Dios lo pone a su misma altura de sujeto, de interlocutor y destinatario de su amor; posibilitando su respuesta pero dándole la libertad de escuchar o rechazar su llamada.

En la actualidad, son muchos los temas de investigación que se están desarrollando rápidamente, porque también son muchos los problemas que preocupan a nuestra sociedad. Pero no todos los temas exigen los mismos procedimientos de investigación, ni todos los temas tienen la misma importancia social ni la misma importancia económica.

Lo que sí está claro es que esta investigación no se puede hacer de la misma manera que se ha venido haciendo hasta hace unos años[212]. En la actualidad, se requiere la concurrencia de

---

[212] Cf. MONTES PONCE DE LEÓN, M., La investigación en el medio ambiente: en FEITO, L. (Ed.), *Investigación, desarrollo e innovación. Cuestiones éticas.* UPCO, Madrid 2005.

numerosos especialistas en los diversos campos del saber, pero además se requiere que todos ellos tengan un conocimiento global y un objetivo concreto. Estamos entrando en una nueva época de la humanidad en que la cultura debe estar conformada por una ética de la responsabilidad. Para que surja esta nueva cultura de la responsabilidad en el campo científico será necesario educar y vigilar para que la conducta ética sea la adecuada y para que los científicos nos acostumbremos a mirar más allá de nuestras propias experiencias y trascender a lo que significan para toda la sociedad.

T. Böckle enunciaba hace años la siguiente tesis que me parece fundamental:

"El progreso técnico por sí mismo no puede dar un sentido a la vida ni fijar sus valores. Si el progreso científico y técnico ha de servir al hombre, es necesario que esté guiado por un espíritu de responsabilidad fundado en el respeto al hombre y a su libertad"[213].

La actual capacidad tecnológica ha transformado lo que antes eran como unos juegos experimentales en unos diseños competitivos de proyectos ya realizables, pero con la particularidad de que al elegir entre ellos hemos de elegir entre extremos que pueden tener efectos remotos y en gran parte desconocidos. Lo único de sabemos es su propio carácter extremo: que afectarán a la naturaleza de nuestro planeta y a la naturaleza de las personas que deban o no poblarlo. Nos encontramos en una situación en la que el hombre no posee la sabiduría suficiente para conocer las consecuencias de sus acciones, pero en la que tampoco cree en la existencia de valores absolutos y de verdades objetivas. La sabiduría nos es más

---

[213] BÖCKLE, T., Biotécnica y dignidad humana, *Labor hospitalaria* 41 (1989) 320-324.

necesaria cuando menos creemos en ella. Como escribía H. Jonas:

"Así, pues, si la nueva naturaleza de nuestra acción exige una nueva ética de más amplia responsabilidad, proporcionada al alcance de nuestro poder, entonces exige también –precisamente en nombre de esa responsabilidad– una nueva clase de humildad. Pero una humildad no debida, como antes, a nuestra insignificancia, sino a la excesiva magnitud de nuestro poder, es decir, al exceso de nuestra capacidad de hacer sobre nuestra capacidad de prever y sobre nuestra capacidad de valorar y de juzgar. Ante el potencial escatológico de nuestros procesos técnicos, la ignorancia de las consecuencias últimas será en sí misma razón suficiente para una moderación responsable, que es lo mejor, tras la posesión de una sabiduría"[214].

Etimológicamente, la palabra responsabilidad está relacionada con el término latino *"respondere"*, es decir, responder, tener capacidad para dar una respuesta. La responsabilidad, en efecto, es la manifestación peculiar del ser personal y va ligada al ser de la persona por una correlación esencial. La persona se vive a sí misma como responsable de sus actos. Como ha expresado muy bien J. L. Ruiz de la Peña:[215]

"Al crear al hombre, Dios no crea una naturaleza más entre otras, son un tú; lo crea llamándolo por su nombre, poniéndolo ante sí como ser responsable (=dador de respuesta), sujeto y «partner» del diálogo

---

[214] JONAS, H., *o.c.*, 56.
[215] RUIZ DE LA PEÑA, J. L., *Imagen de Dios. Antropología teológica fundamental*, Sal Terrae, Santander 1988, 177-178.

interpersonal. Crea, en suma, no un mero objeto de su voluntad, sino un ser co-rrespondiente, capaz de responder al tú divino porque es capaz de responder del propio yo. Crea una persona."

Por otra parte, al pretender estudiar el tema de la responsabilidad en la investigación podemos plantearnos interrogantes diversos aunque complementarios: la responsabilidad ¿de quién? ¿respecto a qué? ¿ante quien? A la primera pregunta, podríamos contestar que la responsabilidad es de todos, por lo que no se puede desvincular la responsabilidad de los científicos y de los técnicos respecto a la de los políticos y a la de los intelectuales, incluso, a la del conjunto de los ciudadanos. ¿Respecto a qué? Esta pregunta es más difícil de responder; puede ser fácil decir responsabilidad respecto a la destrucción del planeta Tierra, pero será más difícil de precisar si se trata de una responsabilidad sobre una vida plenamente humana o a la responsabilidad frente a la dignidad humana, ya que estos últimos conceptos no son tampoco tan fáciles de precisar. Por último, la pregunta ¿ante quién? tiene una respuesta más simple: ante uno mismo, es decir, ante su propia conciencia, y ante los demás hombres, es decir, ante los que nos precedieron, los presentes y los que nos sucederán.

Una de las características de la sociedad actual, especialmente de la occidental, es que pretende utilizar rápidamente los beneficios de la investigación, sin querer asumir sus consecuencias, sus riesgos y sus posibles errores. Sin embargo, el verdadero investigador no sólo es aquel que sabe todo lo que puede hacer técnicamente, sino el que es capaz de autocensurarse y no llevar a cabo lo que sabe que es perjudicial para el ser humano y para el conjunto de la humanidad.

El derecho a la autorregulación del investigador tiene que ser ganado mostrando al público que, con su proceder, está asegurando una investigación absolutamente honesta. Y la honestidad que se espera del investigador no consiste únicamente en la veracidad en la descripción de los hechos, sino en la responsabilidad intelectual cuando tiene que tomar postura ante determinadas situaciones o hechos concretos.

Los criterios fundamentales por los que hasta ahora se ha regido la investigación son el de competitividad y el de productividad. Sin embargo, si queremos construir otro tipo de sociedad más responsable tendremos que ir cambiando los criterios de evaluación e ir asumiendo que los criterios de moralidad y de política no son sólo complementarios sino fundamentales a la hora de evaluar la transformación técnica de la vida humana.

Todos sabemos el carácter humanizador que pueden tener las nuevas tecnologías, pero también somos conscientes de los peligros que encierran. La manera de atajar este problema consistiría en eliminar la miseria y la ignorancia de la sociedad y aumentar el grado de desarrollo, de educación y de cultura de esa misma sociedad. De ahí nace un nuevo aspecto para nuestra responsabilidad investigadora: la utilización de las nuevas tecnologías derivadas de la actual investigación para lograr un mundo en el que exista una mayor igualdad, una mayor felicidad, una mayor solidaridad... un mayor amor.

Todo ello nos lleva a descubrir el amor como la fuerza creativa fundamental y abre una nueva visión que puede considerarse como la forma mas adecuada para que el hombre actúe junto a Dios. De este modo, parafraseando a Schmitz-Moormann, podríamos decir que la llamada amorosa de Dios, la *creatio appellata*, sería la fuerza conductora de la creación y la manera en que el hombre puede actuar como continuador de su obra creadora mediante la investigación.

"El mandamiento del amor ha dejado de ser una instigación puramente moral para convertirse en el principio ontológico de la evolución, de la creación. Esta creación alcanzará su objetivo, el punto al cual está invitada a llegar, tan sólo si el amor se convierte cada vez más en la fuerza dominante que abra nuevas vías hacia el futuro... No hay otro camino hacia el futuro que conduzca a la plenitud de una creación que ha sido invitada a compartir la vida trinitaria. Esta es la respuesta que Dios espera a su fiel llamada creativa del amor"[216].

Como ha escrito recientemente A. Torres Queiruga[217]:

"tomar en serio la creación, como acción libre y amorosa de Dios, significa comprender que sólo tiene sentido para que la creatura sea ella misma... La experiencia y la convicción de la creación-continua-por-amor deben mantenerse siempre como guía última de la reflexión teológica".

Si aceptamos que Dios crea por amor, entonces el modo de actuar Dios en el mundo es característico del amor, buscando una respuesta del hombre... pero está expuesto al rechazo por el propio hombre. Al hacer un mundo libre que puede desviarse del plan divino del amor, Dios se expone al riesgo de algo que Él no crea directamente y que es lo que muchos teólogos han llamado

---

[216] SCHMITZ-MOORMANN, K., *o. c.*, 235.
[217] TORRES QUEIRUGA, A., La providencia hoy: autonomía humana y creación por amor, *Iglesia Viva* 254 (2013) 25-48.

el "no-ser". Por eso, se puede considerar que Dios es vulnerable a la emergencia de algo extraño procedente de los seres creados y, fundamentalmente, del hombre. Toda la creación, llamada a participar de la vida de Dios, puede perder su oportunidad a causa del rechazo del amor. Sin embargo, creemos que dada la fuerza del amor persuasivo de Dios, es muy difícil que fracase la aventura divina de la creación. Comentando la actual situación del mundo, el Papa Francisco nos ha lanzado recientemente una llamada a la esperanza:

> *"Sin embargo, no todo está perdido, porque los seres humanos, capaces de degradarse hasta el extremo, también pueden sobreponerse, volver a optar por el bien y regenerarse, más allá de todos los condicionamientos mentales y sociales que les impongan. Son capaces de mirarse a sí mismos con honestidad, de sacar a la luz su propio hastío y de iniciar caminos nuevos hacia la libertad"*[218]

Por eso, a medida que la investigación va avanzando, se va haciendo más necesaria una reflexión personal para intentar ponerla al servicio del propio hombre. De aquí la importancia que está tomando la ética en la investigación, reclamada por la propia ciencia que tiene al hombre como sujeto, a la vez que su creador y su destinatario.

---

[218] PAPA FRANCISCO, Carta encíclica *Laudato si'*, nº 205.

III:

Conclusión

Conclusión

Todo lo expuesto anteriormente significa que en una investigación desarrollada con este sentido, la frase "Jugar a ser Dios" no tiene cabida; al contrario, debería ser sustituida por "Colaborar con Dios en la creación". Dios no deja de ser creador, sino que su creación se convierte en una co-creación en la que interviene el hombre. En ella, la investigación llevada a cabo por el hombre, considerada como colaboración de la obra creadora de Dios, no sólo no es una idea peligrosa sino que, al contrario, se convierte en el cumplimiento de la misión y de la vocación que el hombre tiene encomendada en su vida. Esa es la grandeza de la investigación. Pero llevada a cabo con una profunda ética de la responsabilidad no sólo presente sino también futura. La libertad creadora de Dios llega hasta fiarse de nosotros mismos, de nuestras manos, de nuestra propia libertad. Una libertad que significa responsabilidad creadora para inventar lo mejor, para que el hombre pueda realizarse como persona hecha a imagen y semejanza de Dios. Por eso el hombre no debe tener miedo al poder de la libertad creadora: le ha sido dada por su propio creador. En la posibilidad que tiene el hombre de realizar decisiones libres es donde mejor se expresa el ser específicamente humano. Por lo tanto, la ética –como lógica de la libertad humana– tiene que entrar en el campo de la investigación humana, no como algo impuesto desde fuera, sino reclamada desde el interior de la propia investigación que tiene al hombre como sujeto, creador y destinatario de sus resultados. Como decíamos en la Introducción, la investigación humana puede convertirse en inhumana como consecuencia de que las personas pretendan convertirse sólo en promotores de su propia perfección. De ahí la necesidad de una verdadera deliberación ética, la necesidad de un profundo diálogo, para entender y aceptar la pluralidad de opiniones, evitando producir la satanización de determinadas posturas u originar intolerancias negativas, de modo que se pueda lograr una sana integración entre la adquisición de nuevos conocimientos y el interés de su aplicación a escala mundial.

IV:

BIBLIOGRAFÍA

BIBLIOGRAFÍA CONSULTADA

ADE, P. A. R. y 46 autores más, BICEP2 I: Detection of B-mode polarization at degree angular scales, *Phys. Rev. Lett.* 112 (2014) 241101-241126.

ANNALURU, N., ... (11 autores) ...and CHANDRASEGARAN, S., Assembling DNA fragments by USER fusion, *Meth. Mol. Biol.*, 852 (2012) 77-95.

ANNALURU, N., ... (80 autores)... BOEKE, J. D. and CHANDRASEGARAN, S., Total synthesis of a functional designer eukaryotic chromosome, *Science DOI 10.1126/science 1249252*; and *Science* 344 (2014) 55-58.

APEL, K. O. ¿Límites de la ética discursiva?: en CORTINA, A., *Razón comunicativa y responsabilidad solidaria*, Sígueme, Salamanca 1985.

ARA PINILLA, I. Los derechos humanos de la tercera generación en la dinámica de la legitimidad democrática: en PECES-BARBA, G. (Dir.), *El fundamento de los derechos humanos*, Debate, Madrid 1989.

ARISTÓTELES, *De anima, II, 1, 412ª; Acerca del alma*, Gredos, Madrid 1978.

ARMENGOL, D., *El emergentismo, una vía humanista de la ciencia. Más allá del reduccionismo supera la imagen del "hombre máquina"* (en línea), Madrid 2006, http://www.tendencias21.net (Consulta del 24 de Enero de 2010).

ARTOLA, M. *Los derechos del hombre,* Alianza, Madrid 1986.

AST, M., GRUBER, A., SCHMITZ-ESSER, S., NEUHANS, H. E., KROTH, P. E., HORN, M. and HAFERKAMP, I., Diatom plastids depend on nucleotide import from the cytosol, *Proc. Natl. Acad. Sci. USA* 106 (2009) 3621-3622.

ATKINS, P., *El dedo de Galileo. Las diez grandes ideas de la ciencia,* Espasa, Madrid 2003.

AYALA, F. J., *Darwin y el diseño inteligente,* Mensajero, Bilbao 2009.

AYALA, F. J. y DOBZHANSKY, T., *Estudios sobre la Filosofía de la Biología,* Ariel, Barcelona 1983.

BARBOUR, I., *El encuentro entre religión y ciencia. ¿Rivales, desconocidas o compañeras de viaje?,* Sal Terrae, Santander 2004.

BEHE, M., *La caja negra de Darwin: el reto de la bioquímica a la evolución,* Andrés Bello, Barcelona 2000.

BETTO, F., *La obra del artista. Una visión holística del universo,* Trotta, Madrid 1999.

BETZ, K., MALISHEV, D. A., LAVERGNE, T., WELTE, W., DIEDERICH, K., ROMESBERG, F. E. and MARX, A., Structural insights into DNA replication without hydrogen bonds, *J. Am. Chem. Soc.,* 135 (2013) 18637-18643.

BLENKINSOPP, J., *El Pentateuco. Introducción a los cinco primeros libros de la Biblia,* Verbo Divino, Estella 1999.

BLOCH, E., *Derecho natural y dignidad humana,* Dikinson, Madrid 2011.

BÖCKLE, T., Biotécnica y dignidad humana, *Labor hospitalaria,* 41 (1989) 320-324.

CAPRA, F., *La trama de la vida. Una nueva perspectiva de los seres vivos,* Anagrama, Barcelona 1998.

CARR, B. J. and REES, M. J., The anthropic principle and the structure of the physical world, *Nature* 278 (1979) 605-612.

CASTILLA, A., Control social de la técnica. (Posibilidades ante un futuro post-humano del hombre): en BLANCH, A. (Ed.), *Nuevas tecnologías y futuro del hombre,* UPCO, Madrid 2003, 135-171.

CELLO, J., PAUL, A. V. and WIMMER, E., Chemical synthesis of poliovirus cDNA: Generation of infectious virus in the absence of natural template, *Science* 297 (2002) 1016-1018.

CHALMERS, D. J., Strong and weak emergente: en CLAYTON, P. and DAVIES, P. (Eds.), *The Re-emergence of Emergence*, Oxford University Press, Oxford 2006.

CHO, M. K. and RELMAN, D. A.,Synthetic «life», ethics, national security, and public discourse, *Science* 329 (2010) 38-39.

CHO, M. K., MAGNUS, D., CAPLAN, A. L., MCGEE, D. and THE ETHICS OF GENOMICS GROUP, Ethical considerations in synthesizing a minimal genome, *Science* 286 (1999) 2087-2090.

COMISIÓN EUROPEA, *SynBiology: An analysis of synthetic biology research in Europe and North America*, 2005.

COMISIÓN MUNDIAL DEL MEDIO AMBIENTE Y DEL DESARROLLO, *Nuestro futuro común*, Alianza, Madrid 1988.

CONCILIO VATICANO II, *Constitución Pastoral "Gaudium et spes"*.

COPÉRNICO, N., *Sobre las revoluciones de los orbes celestes,* Tecnos, Madrid 1987.

CRICK, F., *La búsqueda científica del alma. Una revolucionaria hipótesis para el siglo XXI,* Debate, Madrid 1994.

DAWKINS, R., *El espejismo de Dios*, Espasa, Pozuelo de Alarcón 2007.

DAWKINS, R., *El gen egoísta*, Labor, Cerdanyola 1979.

DAWKINS, R., *El relojero ciego*, Labor, Cerdanyola 1989.

DAWKINS, R., *Escalando el monte improbable*, Tusquets, Barcelona 1998.

DENNET, D., *La peligrosa idea de Darwin. Evolución y significado de la vida*, Galaxia Gutenberg, Barcelona 1999.

DHAMI, K., MALYSHEV, D. A., ORDOUKHANIAN, P., KUBELKA, T., HOCEK, M. and ROMESBERG, F. E., Systematic exploration of a class of hydrofobic unnatural base pairs yields multiple new candidates for the expansion of the genetic alphabet, *Nucl. Ac. Res. DOI: 10, 1093/nar/gku715,* 2014.

DOUGLAS, T. and J. SAVULESCU, J., Synthetyic biology and the ethics of knowledge, *J. Med. Ethics* 36 (2010) 687-693.

DULBECCO, R., A turning point in cancer research: sequencing the human genome, *Science* 231 (1986) 1055-1056.

EGIS, R., *What is life?: Investigating the nature of life in the age of synthetic biology*, Farrar, Straus and Giroux, Nueva York 2008.

EINSTEIN, A., *Mis ideas y opiniones*, Antoni Bosch, Barcelona 1980.

ENGELS, F., *Sobre la religión*, Sígueme, Salamanca 1974.

FEUERBACH, L., *La esencia del cristianismo*, Sígueme, Salamanca 1975.

FLEISCHMAN, R. D.,... (38 autores)... and VENTER, J. C., Whole-genome random sequecing and assembly of *Haemophilus influenzae* Rd, *Science* 269 (1995) 496-512.

FRASER, C. M.,... (27 autores)... and VENTER, J. C., The minimal gene complement of *Mycoplasma genitalium*, *Science* 270 (1995) 397-403.

GESCHÉ, A., *El hombre*, Sígueme, Salamanca 2002.

GIBSON, D. G.,...(15 autores)... and SMITH, H. O., Complete chemical synthesis, assembly and cloning of a Mycoplasma genitalium genome, *Science DOI*: 10.1126/science. 1151721 (2008); and *Science* 319 (2008) 1215-1220.

GIBSON, D. G.,...(22 autores)... and VENTER, J. C., Creation of a bacterial cell controlled by a chemically synthesized genome, *Science DOI* 10.1126/science. 1190719 (2010); and *Science* 329 (2010) 52-56.

GIBSON, D. G. and VENTER, J. C., Synthetic biology: Construction of a yeast chromosome, *Nature*, 509 (2014) 168-169.

GILBERT, S. F., *Developmental Biology*, Sinauer Associated, Sunderland, MA 2003.

GONZÁLEZ DE CARDEDAL, O., *La gloria del hombre*, BAC, Madrid 1985.

GOULD, S. J., *Ciencia versus religión: un falso conflicto*, Crítica, Barcelona 2000.

GRACIA, D. Hechos biológicos y derechos humanos: En torno a las responsabilidades con las futuras generaciones: en Conversaciones de Montepríncipe, *Los derechos de las nuevas generaciones*, Fundación Universitaria San Pablo, Madrid 1990.

GRACIA, D. Libertad de investigación y biotecnología: en GAFO, J., (Ed.), *Ética y biotecnología*, UPCO, Madrid 1993.

GRACIA, D., *Como arqueros al blanco. Estudios de bioética*, Triacastela, Madrid 2004.

GREEN, R. M., Justice and the Claims of Future Generations: en SHELF, E. E. (Ed.), *Justice and Health Care*. Reidel, Dordrecht 1981.

HABERMAS, J., *Conciencia moral y acción comunicativa*, Península, Barcelona 1985.

HABERMAS, J., *Escritos sobre moralidad y eticidad*, Paidós, Barcelona 1991.

HALE, V., KEASLING, J. D., RENNIGER, N. and DIAGANA, T. T., Microbially derived artemisine: a biotechnology solution to the global problem of access to affordable antimalarial drugs, *Am. J. Trop. Med. Hyg.* 77 (2007) 198-202.

HAWKING, S. and MLODINOW, L., *El gran diseño*, Crítica, Barcelona 2010.

HAWKING, S. W., *Historia del tiempo. Del big bang a los agujeros negros*, Círculo de Lectores, Barcelona 1988.

HEFNER, P., *The Human Factor: Evolution, Culture and Religion*, Fortress Press, Minneapolis 1993.

HEFNER, P., Theology´s truth and scientific formulation, *Zygon* 23 (1988) 270.

HUTCHISON III, C. A., PETERSON, S. N., GILL, S. R., CLINE, T., WHITE, O., FRASER, C. M., SMITH, H. O. and VENTER, J. C., Global transposon mutagenesis and a minimal Mycoplasma genome, *Science* 286 (1999) 2165-2169.

IFTIME, O.,Life sciences, apophatism and bioethics, *Eur. J. Sci. Theol.* 2 (2006) 21-46.

ITAYA, M., An estimation of minimal genome size required for life, *FEBS Lett.* 362 (1995) 257-260.

JASPERS, K., *La bomba atómica y el futuro del hombre*, Taurus, Madrid, 1958.

JONAS, H., *El principio de responsabilidad. Ensayo de una ética para la civilización tecnológica*, Herder, Barcelona 2004.

JONES III, J. E., *Caso Kitzmiller contra el Distrito Escolar de Dover*, 20 de diciembre de 2005.

KAISER, J., Attempt to patent artificial organism draws a protest, *Science* 316 (2007) 1557.

KAMEN, H. *Nacimiento y desarrollo de la tolerancia en la Europa moderna*, Alianza, Madrid 1987.

KANT, I., *Crítica de la razón práctica*, Porrúa, México D. F. 1983.

KANT, I., *Fundamentación de la metafísica de las costumbres*, Porrúa, México D. F. 1983.

KAUFFMAN, S., *Investigaciones: Complejidad, auto-organización y nuevas leyes para una biología general*, Tusquet, Barcelona 2003.

KEHL, M., *La creación,* Sal Terrae, Santander 2011.

KÜNG, H., *El principio de todas las cosas. Ciencia y religión,* Trotta, Madrid 2007.

LACADENA, J. R. Página web sobre "Genética y Bioética", Centro Nacional de Información y Comunicación Educativa (CNICE), Ministerio de Educación y Ciencia, http://w3.cnice.mec.es/tematicas/genetica "Seréis como dioses" (Junio, 2000); "Vida sintética: J. Craig Venter ¿un dios menor?" (Junio, 2007).

LACADENA, J. R., Seréis como dioses, *Crítica* 874 (2000) 12-16.

LACADENA, J. R., *Vida, vida humana, vida artificial* (en línea) Madrid 2007, http://www.cnice.mecd.es/tematicas/genetica /index.html (Consulta del 24 de Enero de 2001).

LADARIA, L. F., *El hombre en la creación*, BAC, Madrid 2012.

LAMBERT, D., *Ciencia y fe en el Padre del Big Bang, Georges Lemaître,* Fliedner, Madrid 2014.

LARTIGUE, C., GLASS, J. I., ALPEROVICH, N., PIEPER, R., PALMAR, P. P., HUTCHISON III, C. A., SMITH, H. O. and VENTER, J. C., Genome transplantation in bacteria: changing one species to another, *Science DOI*: 10.1126/science.1144622 (2007); and *Science* 317 (2007) 632-638.

LEÓN AZCÁRATE, J. L. DE, La Biblia y las cosmogonías del antiguo Oriente Próximo: desmitificando el caos y el cosmos: en BERMEJO, D. (Ed.), *Pensar después de*

Darwin. Ciencia, filosofía y teología en diálogo, Sal Terrae y UPCO, Santander y Madrid 2014, 339-398.

LEVINAS, E., *De otro modo que ser, o más allá de la esencia*, Sígueme, Salamanca 1987.

LEVINAS, E., *Totalidad e infinito,* Sígueme, Salamanca 2002.

LOCKE, J. *Ensayo sobre el gobierno civil*, Orbis, Barcelona 1985.

MA, H., KUNES, S., SCHATZ, P. J. and BOTSTEIN, D., Plasmid construction by homologous recombination in yeast, *Gene*, 58 (1987) 201-216.

MACIP, S., Jugar a ser Dios, *El Mundo* 27 de mayo de 2010.

MALISHEV, D. A., DHAMI, K., LAVERNE, T., CHEN, T., DAI, N., FOSTER, J. M., CORREA, I. R. Jr. and ROMESBERG, F. E., A semi-synthetic organism with an expanded genetic alphabet, *Nature DOI 10:1038/nature 13314;* and *Nature* 509 (2014) 385-388.

MALISHEV, D. A., DHAMI, K., QUACH, H. T., LAVERNE, T., ORDOUKHANIAN, P., TORKAMINI, A. and ROMESBERG, F. E., Efficient and sequence-independt replication of DNA containing a third base pair establishes a functional six-letter genetic alphabet, *Proc. Natl. Acad. Sci. USA* 109 (2012) 12005-12010.

MCKUSIC, V., Mapping and sequencing the human genome, *N. Eng. J. Med.* 320 (1989) 910-915.

MONTES PONCE DE LEÓN, M., La investigación en el medio ambiente: en FEITO, L. (Ed.), *Investigación, desarrollo e innovación. Cuestiones éticas.* UPCO, Madrid 2005.

MORIN, E., *El método. La naturaleza de la naturaleza*, Cátedra, Madrid 1981.

MURRAY, T. H., *La ética y la biología sintética: cuatro corrientes, tres informes*, Informes de la Fundación Víctor Grifols i Lucas, Barcelona 2012.

MUSHEGIAN, A. R. and KOONIN, E. V., A minimal gene set for cellular life derived by comparison complete bacterial genomes, *Proc. Natl. Acad. Sci. USA* 93 (1996) 10268-10273.

NACIONES UNIDAS, *Report of the United Nations Conference on the Human Environment*, (Documento A/Conf. 48/14/Rev. 1, cap. 1) Nueva York 1972.

NÚÑEZ DE CASTRO, I., *De la dignidad del embrión. Reflexiones en torno a la vida humana naciente*, UPCO, Madrid 2008.

NUÑEZ DE CASTRO, I., Emergencia, vida y autotrascendencia activa: reflexionando cobre la realidad evolutiva: en BERMEJO, D. (Ed.), *Pensar después de Darwin. Ciencia, filosofía y teología en diálogo*, Sal Terrae y UPCO, Santander y Madrid 2014, 170-212.

NÚÑEZ DE CASTRO, I., *Una nueva alianza entre la Biología y la Filosofía es necesaria para el estudio de la vida* (en línea), Madrid 2009, http://www.tendencias21.net (Consulta del 24 de Enero de 2010).

OLIVER, S. C.,...(147 autores)... and SGOUROS, J. G., The complete DNA sequence of yeast chromosome III, *Nature* 357 (1992) 38-46.

PAPA FRANCISCO, Carta encíclica *Laudato si'*.

PAPA FRANCISCO, Discurso a la Pontificia Academia de Ciencias, 27 de octubre de 2014.

PEACOCKE, A., *Los caminos de la ciencia hacia Dios. El final de toda exploración*, Sal Terrae, Santander 2008.

PENFIELD, W., *El misterio de la mente. Estudio crítico de la conciencia y del cerebro*, Pirámide, Madrid 1977.

PENNISE, E., Synthetic genome brings new life to bacterium, *Science* 328 (2010) 958-959.

PENZIAS, A. A. and WILSON, R. W., A measurement of excess antenna temperature at 4080 Mc/s, *Astrophys. J. Lett.* 142 (1965) 419-421.

PENZIAS, A. A. and WILSON, R. W., A measurement of the flux density of CAS A at 4080 Mc/s, *Astrophys. J. Lett.* 142 (1965) 1149-1154.

POLKINGHORNE, J., *Explorar la realidad. La interrelación de ciencia y religión*, Sal Terrae, Santander 2007.

POLKINGHORNE, J., (Coord.), *La obra del amor. La creación como kénosis*, Verbo Divino, Estella 2008.

PRESS, F., *Science and Creationism: A View from the National Academy of Sciences*, National Academy Press, Washington 1984.

RIAZA, E., *La historia del comienzo. Lemaître, padre del Big Bang,* Encuentro, Madrid 2010.

RICHARDSON, S. M., WHEELAN, S. J., YARRINGTON, R. M. and BOEKE, J. D., GeneDesing: rapid, automated design of multikilobase synthetic genes, *Genome Res.*, 16 (2006) 550-556.

RUIZ DE GOPEGUI, L., *Cibernética de lo humano*, Tecnos, Madrid 1983.

RUIZ DE LA PEÑA, J. L., *Creación, gracia, salvación,* Sal Terrae, Santander 1993.

RUIZ DE LA PEÑA, J. L., *Imagen de Dios. Antropología teológica fundamental*, Sal Terrae, Santander 1988.

RUIZ DE LA PEÑA, J. L., *Teología de la creación*, Sal Terrae, Santander 1988.

RUSE, M., *Tomándose a Darwin en serio: implicaciones filosóficas del darwinismo*, Salvat, Barcelona 1994.

SAMPEDRO, J., *El País*, 27 de marzo de 2014.

SÁNCHEZ CAÑIZARES, J., Noticias del big bang, *Palabra* 613 (2014) 58-61.

SCHMITZ-MOORMANN, K., *Teología de la creación de un mundo en evolución*, Verbo Divino, Estella 2005.

SCHWEITZER, B. A. and KOOL, E. T., Hydrofobic, non-hydrogen-bonding bases and base pairs in DNA, *J. Am. Chem. Soc.*, 117 (1995) 1863-1872.

SEO, Y. J., MALISHEV, D. A., LAVERGNE, T., ORDOUKHANIAN, P. and ROMESBERG, F. E., Site-specific labeling of DNA and RNA using an efficiently replicated and transcrited class of unnatural base pairs, *J. Am. Chem. Soc.*, 133 (2011) 19878-19888.

SEO, Y. J., MATSUDA, S. and ROMESBERG, F. E., Transcription of an expanded genetic alphabet, *J. Am. Chem. Soc.*, 131 (2009) 5046-5047.

SEQUEIROS, L. *El designio chapucero. Darwin, la biología y Dios*, Khaf, Madrid 2009.

SKINNER, B. F., *Ciencia y conducta humana*, Fontanella, Barcelona 1977.

SKINNER, B. F., *Walden Dos*, Fontanella, Barcelona 1968.

SMITH, H. O., CLYDE, C. A., PFANNKOCH, C. and VENTER, J. C., Generating a synthetic genome by whole genome assembly: ΦX174 bacteriophage from synthetic oligonucleotides, *Proc. Natl. Acad. Sci. USA* 100 (2003) 15440-15445.

SWITZER, C., MORONEY, S. E. and BENNER, S. A., Enzymatic incorporation of a new base pair into DNA and RNA, *J. Am. Che. Soc.*, 111 (1989) 8322-8323.

TEILHARD DE CHARDIN, P., *Ciencia y Cristo*, Taurus, Madrid 1968.

TEILHARD DE CHARDIN, P., *El fenómeno humano*, Taurus, Madrid 1967.

THE GUARDIAN, 20 de mayo de 2010.

THIELICKE, H., *Esencia del hombre*, Herder, Barcelona 1985.

THYER, R. and ELLEFSON, J., New letters for life's alphabet, *Nature* 509 (2014) 291-292.

TILLICH, P., The meaning of providence: en *The shaking of the foundations*. Charles Scribner´s Sons, a sermon collection, online edition, 1948.

TORRES QUEIRUGA, A., *Recuperar la creación. Por una religión humanizadora*, Sal Terrae, Santander 1997.

TORRES QUEIRUGA, A., La providencia hoy: autonomía humana y creación por amor, *Iglesia Viva* 254 (2013) 25-48.

VENTER, J. C., *La vida descodificada*, Espasa Calpe, Madrid 2008.

WANG, H. H., Synthetic genomes for synthetic biology, *J. Mol. Cell Biol.* 2 (2010) 178-179.

WEIZSÄCKER, C. F. von, *La responsabilidad de la ciencia en la Edad Atómica*. Taurus, Madrid 1959.

WILSON, E. O., *Consilience: la unidad del conocimiento*, Círculo de Lectores, Barcelona 1999.

WILSON, E. O., *Sobre la naturaleza humana*, Círculo de Lectores, Barcelona 1997.

YANG, Z., CHEN, F., ALVARADO, J. B. and BENNER, S. A., Amplification, mutation, and sequencing of a six-letter synthetic genetic system, *J. Am. Chem. Soc.* 133 (2011) 15105-15112.

ÍNDICE